DISSERTATION

SUR L'ÉTAT DES anciens Habitans du Soiſſonnois avant la conquête des Gaules par les Francs;

Qui a remporté le Prix dans l'Académie Françoiſe de Soiſſons en l'année 1735.

A PARIS,
Chez JEAN-BAPTISTE DELESPINE, Imprimeur-Libraire ordinaire du Roy, & de l'Académie de Soiſſons, ruë Saint Jacques, à Saint Paul.

M. DCC. XXXV.
Avec Privilege du Roy.

DISSERTATION
SUR L'ÉTAT DES
anciens Hàbitans du Soiſſonnois avant la conquête des Gaules par les Francs.

I.

La ſituation & l'étenduë de l'ancien Païs Soiſſonnois; le nom & l'antiquité de ſes Villes & Châteaux.

UN ancien & célébre Hiſtorien Romain a dit, que s'il arrive quelquefois à ceux qui écrivent ſur l'antiquité des

Villes, d'en attribuer la fondation aux Dieux, on doit le leur pardonner, parce que c'est un excès de zele qui leur fait ainsi mêler le divin avec l'humain, le profane avec le sacré, afin de rendre l'origine de ces Villes plus illustre & plus respectable. (*a*)

Quoique j'aye lieu d'esperer la même grace de mes Lecteurs, je ne hazarderai cependant rien sur les anciens Habitans du Soissonnois qui tende à divinifer leur origine, rien qui paroisse inventé à plaisir, & qui ne soit appuyé de quelque autorité connuë.

Après être convenu en général de l'origine des Gaulois, que les Sçavans de nos jours

---

(a) *Datur hac venia antiquitati, ut miscendo humana divinis primordia urbium augustiora faciant.* Tit. Livius, in Procemio Hist.

disent descendus des Cimbres & des Germains, dont la tige étoit issuë de Gomer par plusieurs degrez: après avoir compris, si l'on veut, les Soissonnois dans le nombre prodigieux de Gaulois, qui firent irruption dans l'Italie environ trois cens cinquante ans après la fondation de Rome, je ne vois rien de plus ancien qui puisse servir de fondement à l'Histoire de ces Peuples, que le témoignage des Commentaires de César. (*a*) Ce témoignage se tire de la

(1) L'étymologie de leur nom seroit ce qu'on auroit de plus ancien si on étoit assez heureux pour la trouver ; mais on n'en a produit jusqu'ici que de fausses. Il faudroit pour y réüssir avoir plus de connoissance qu'on n'en a de la Langue des Celtes ou des Belges. Je dirai seulement qu'il y a apparence que le nom primitif des Peuples Soissonnois a été tel que quelques Auteurs Grecs l'ont écrit, comme Ptolomée, & qu'il commençoit par *Oüess*, ou par *Vvess*, quoique M. de Valois prétende que l'omission

bouche des Remois, qui déclarent à César même, " que les Soiſſonnois ſont[a] leurs voiſins; qu'ils ont des campagnes d'une très-grande étenduë & d'une admirable fertilité; (*a*) que c'étoit

de la lettre S, eſt une faute dans les imprimez de cet écrivain. Sabon employe auſſi la diphtongue ʊ, dans la premiere ſyllabe, & Surita dit que dans les anciens exemplaires de Céſar la lettre *V*. eſt doublée. Il peut ſe faire que ce ſoient les Romains qui ayent ajoûté la lettre *S*. initiale, de même qu'ils donnoient des terminaiſons Latines aux noms Gaulois. Ils l'auroient fait au mot *Vveſſ*', pour adoucir ce nom Belgique tenu peut-être des Germains qui avoient paſſé le Rhin. Il eſt notoire qu'en Allemagne où ils habitoient auparavant, *Vveiſſe* ſignifie *Blanc*. Parmi le nombre des racines Celtiques ou Gauloiſes que l'on connoît, celles qui commencent par la lettre *S*. poſée devant l'*V*. ſont les plus rares, & il y en a fort peu. Encore croit-on que ces mots auroient été mieux rendus par le K, ou le χ, & par le X. des Grecs. Le nom des Sylvanectes eſt dans le même cas, & également ſujet à diſcution.

[a] Toutes les terres ne ſont pas également fertiles dans le Soiſſonnois, & les Remois auſſi ne le diſent pas; mais j'ai

„ chez-eux qu'avoit regné tout
„ nouvellement un Prince si
„ puissant, qu'une partie de la
„ Bretagne lui avoit apparte-
„ nu. Que celui qu'ils avoient
„ alors pour Roi étoit à la tête
„ du corps des Belges qui se
„ préparoient à lui resister;
„ qu'ils avoient douze Villes
„ dans leurs Etats, & qu'ils
„ promettoient d'envoyer cin-
„ quante mille hommes pour la
„ guerre Belgique. „ On sent
assez quel vaste champ pourroit fournir ce texte, s'il s'a-
gissoit ici de faire l'éloge du
Païs Soissonnois: mais comme
il n'est pas question d'un Pa-

Le fait est de l'an 696. de la fondation de Rome, 57. ans avant la Naissance de J. C.

remarqué, après en avoir parcouru bien des endroits, qu'ordinairement dans celles qui sont fertiles, on trouve sous la terre pour premiere croûte du roc une superficie de rocailles, qui est comme une pâte remplie de coquillages, & de petites pierres plattes, rondes, élevées en convexité comme des lentilles, & grandes comme des mailles ou comme des deniers.

négyrique, & qu'il faut se contenter de faire une simple description de ce Païs, je me bornerai à tirer de l'endroit que je viens de rapporter & de quelques autres textes du même Auteur, les inductions les plus naturelles.

La premiere est sur la situation & l'étenduë du Païs Soissonnois; il est hors de doute qu'il confinoit dès-lors, comme il fait aujourd'hui avec celui des Remois, & qu'il étoit par conséquent de la Gaule Belgique, que César dit avoir formé un tiers des Gaules. On voit par le même Historien, que du Païs des Soissonnois, on passoit immédiatement dans celui des Bellovaques, ou Beauvoisins qui étoient les seuls entre tous les Belges, qui surpassassent les Soissonnois en nombre de trou-

*Lib. 2. cir-
ca initium.*

pes. Il est aisé d'en conclure, que le Beauvoisis & le Soissonnois étoient les deux plus vastes Contrées des Belges. Ces deux Contrées étoient sans doute aussi celles où l'on voyoit en plus grand nombre de ces Germains, qui attirez par la fertilité du territoire en avoient chassé les Habitans naturels. C'est un des faits dont César *Lib. 2. pau-* assure qu'il fut informé sur les *lò post init.* lieux. Il marque un peu plus *Senonibus,* haut parmi les Peuples conti- *reliquisque* gus aux Belges les Senonois *finitimi Bel-* avec d'autres qu'il ne nomme *gis erant.* pas. Mais comme il dit dès le commencement de ses Commentaires que les Gaulois proprement dits ou Celtes étoient séparez des Belges par la Marne & la Seine, on peut ce semble avancer avec assez de probabilité que les deux Contrées

Belgiques qui sont aujourd'hui les moins éloignées de ces deux fleuves, en approchoient alors encore de plus près. Je ne prétends point cependant que le cours de ces deux rivieres formât précisément cette séparation des Belges d'avec les Celtes, mais plûtôt une ligne qui étoit tantôt d'un côté de la riviere, & tantôt de l'autre. Ainsi à s'en tenir aux Commentaires de César, (*a*) après

[a] J'ai dit, à s'en tenir au simple texte de César, chez lequel les *Meldi* & autres Peuples du second rang sont inconnus : car je ne prétends pas soûtenir que les Peuples *Meldi* ni les *Vadicasses* n'ayent point confiné aux Soissonnois. Quoique ces deux Peuples ne soient connus que par des Géographes, qui vivoient plus d'un siecle après Jules César, les *Meldi* alors plus etendus du côté de la Marne que du côté du Nord, pouvoient borner le Soissonnois, & ensuite les *Vadicasses* ou *Badicasses*, dont je soûtiens que Bayes conserve l'ancien nom, quoique depuis sa destruction le chef-lieu de cette Contrée ait été porté sur les bords de la

les Beauvoisins qui confinoient aux Soissonnois du côté du Couchant, il ne se presente pour faire le même effet, que les Parisiens dont quelques portions du territoire pouvoient être alors, comme aujourd'hui, au Nord de la Seine. En tournant vers le Midi se presentoit l'extrêmité du Païs Senonois aboutissante aux environs de la Marne, les Meldois peut-être entre deux. Le territoire des Remois venoit ensuite se joindre à celui des Soissonnois vers l'Orient d'hy-

---

Marne, à l'endroit où est Chaalons. Mais il est difficile de faire toucher les Senonois aux Belges, comme César semble insinuer qu'ils y touchoient, à moins qu'on ne leur donnât une langue de terre qui parvînt jusqu'à la Marne, ou qui occupât l'extrêmité Septentrionale du Diocése de Troyes, pour atteindre jusqu'à la montagne, dite Montmirail, & à la petite riviere de Morain.

ver, (a) & l'environnoit après cela dans toutes les faces du côté de l'Orient, même au plus fort de l'Orient d'été, parce que le Païs que nous appellons le *Laonnois* faisoit alors partie de ce Païs Remois : de sorte qu'il ne lui laiſſoit vers le Nord de ſéparation d'avec le Païs de Beauvoiſis, qu'une petite portion de terre par laquelle il touchoit au Païs de Vermandois.

En donnant au Païs Soiſ-

[a] Le territoire des Remois avançoit juſqu'à l'endroit auquel les Romains donnerent le nom de *Fines*, dont on a fait depuis Fîmes dans notre Langue. Ce nom *Fines* fut fort commun dans les Gaules, depuis que les Romains y demeurerent & qu'il y eût des diviſions de territoire. Outre les neuf exemples rapportez par M. de Valois, je connois un *Fins* ſur les anciens limites du territoire des Senonois & des Charttains, à trois lieuës de Gien ſur Loire au Levant d'été, & un autre *Fins* où aboutiſſoient les extrêmitez du Païs des Eduens, des Mandubiens, & des Langrois, proche Montbar en Bourgogne.

fonnois cette étenduë qu'il est difficile de lui refufer après l'expofé des Remois dans Céfar, on fe met plus au large pour y trouver les très-vaftes & très-fertiles campagnes énoncées dans cet expofé. Car il ne faut point comprendre dans ces heureux terrains les Païs occupez par les forêts de Cuife & de Retz, & tant d'autres du Soiffonnois, qui paroiffent avoir toûjours été en bois, & nullement cultivez en bled, non plus qu'une bonne partie du territoire de la Galleveffe, & autres aux environs de Château-Thierry qu'on a toûjours regardé comme de petit produit. Il devient auffi par là plus vrai-femblable, qu'un Païs de cette étenduë & de cette opulence ait pû fournir cinquante mille hommes de guerre au corps de la Nation Belgique, & qu'il n'ait cedé en force qu'aux seuls Beauvoisins.

Il n'est point non plus étonnant par la même raison, qu'il renfermât douze Villes dans son enceinte, quoiqu'avec l'étenduë que je lui donne il n'approche pas encore de celle du Païs des Helvetiens qui n'avoient pas davantage de Villes.

Mais en donnant au Païs Soissonnois une juste étenduë pour qu'il ait pû contenir ces douze Villes, on n'en devient pas pour cela plus instruit des endroits où elles étoient situées. De même qu'on ne peut pas assurer avec certitude, que tout ce qui est aûjourd'hui simple Bourg ou Village, a toûjours été ainsi dès les commen-

Cesar. Liv. I. num. 2.

cemens; on ne peut pas avancer non plus, comme une chose certaine, que ce qui se trouve aujourd'hui figurer parmi les Villes, ait toûjours été dans ce rang; ce seroit aussi une erreur de croire, que les principales Villes que nous voyons subsister, sont encore toutes à la même place où étoient les Villes Gauloises qu'elles representent.

Si cela est vrai à l'égard de quelqu'unes, comme Paris, cela est faux pour la plûpart des autres: Les Villes nouvelles, ou pour me faire mieux entendre, les Villes representatives d'un ancien Peuple Gaulois sont quelquefois éloignées d'une demie lieuë, & même plus de l'endroit où subsistoit l'ancienne Ville de ce Peuple; & je pourrois le prouver s'il étoit necessaire. Ce principe posé, on ne peut pas dire avec quelque assurance, que les douze plus gros endroits qu'on voit de nos jours dans le Soissonnois, & même dans l'espace dont j'ai décrit ci-dessus la circonference, representent les douze Villes que les Remois connoissoient appartenir au Peuple Soissonnois. Les Villes des Gaulois étoient ordinairement sur des montagnes assez escarpées, quelquefois dans des lieux tout entourez d'eau & marécageux, ou dans des Isles formées par de grosses rivieres. Ainsi la Seine avoit Lutece & Melun (ou *Etia*,) qu'elle baignoit entierement de ses eaux; la Loire avoit Dezize: & ces Villes n'étoient pas toutes d'une grande étenduë à en juger par la petite Isle de Melun.

Le nom d'*Etia* que je donne à Melun a son fondement mais cela n'est pas de cette Dissertation.

Le Païs Soiſſonnois ne paroît point avoir eu de Villes de cette derniere ſituation, parce que ni la riviere d'Aîne ni celle de Veſle ne fourniſſent aucune Iſle ancienne ou remarquable: tout au plus, s'il y en a eu quelqu'une dans quelque Iſle de la Marne qui auroit été depuis détruite & emportée. C'eſt donc ſur les montagnes qu'il faut rechercher les Villes Soiſſonnoiſes dont il eſt parlé dans Céſar. *Noviodunum* qui étoit la principale, & où le Roi de la Nation réſidoit, en eſt un exemple ſenſible. Le nom de Nowedun qu'elle porte dans le langage Gaulois, marque clairement ſa ſituation ſur une éminence. Il y a pluſieurs montagnes autour de Soiſſons qui exiſte aujourd'hui : mais je m'arrête à la montagne de Noyan, qui commence à une petite demie lieuë de ce *Soiſſons Romain* du côté du Midi : elle a ſur ſon ſommet une campagne de preſque une demie lieuë d'étenduë du Nord-Eſt au Sud-Oüeſt, & conſiderée comme détachée de la plaine du Mont de Soiſſons, elle eſt d'une figure à peu près ovale. L'analogie de Noyan avec *Noviodunum* eſt toute entiere. Outre que cette montagne a l'avantage de la proximité de la riviere de Criſe, qui coule au bas, elle devoit agréer très-fort aux Belges par la difficulté de ſon abord, & être regardée comme très-propre à loger un grand nombre de riches Bourgeois du Païs Soiſſonnois, & à les y faire vivre en ſûreté. (*a*) Mais ce

[a] M. Dormay croit avoir aſſez bien

qui fert merveilleufement à appuyer la pofition de ce *Novio-*

rencontré pages 25. 26. & 29. de fon Hiftoire de Soiffons, en difant que la Ville de Soiffons fituée où elle eft s'appelloit *Neudun*, ou *Noudun* : mais il n'a pas fait attention qu'il falloit pour rendre une Ville Gauloife inacceffible aux ennemis & aux bêtes farouches, quelque chofe de plus élevé & de plus roide que la douce éminence où eft fituée l'Abbaye de Saint Jean. Au refte en tâtonnant comme il fait fur *Neudun*, ou *Noudun*, il a frayé le chemin, pour découvrir dans le voifinage un lieu dont le nom vulgaire fut dérivé de *Noviodunum* ; & c'eft fûrement Noyan. Adrien Sericxius Auteur d'un *Index Geographicus*, y traduit Novvedun du Gaulois. par *Angufus collis*, & dans fon Livre des origines Celtiques par *Angufte altius collis*. La montagne de Noyan eft en effet haute & longue, mais étroite & peu large. Céfar n'alteroit gueres les noms Gaulois en les inferant dans fon Hiftoire, il les adouciffoit quelquefois & leur donnoit ordinairement une terminaifon Latine. Ce qui fait encore pour moi, eft que M Lancelot fe fonde fur le rapport analogique de Noüan-le-Fuzelier en Berry, avec *Noviodunum*, & fur l'éminence qui y eft, pour affurer que c'étoit le *Noviodunum Biturigum*, du feptiéme Livre de Céfar. Voyez les Memoires de l'Academie des belles Lettres, Tome V. page 642. Il n'eft pas de ma connoiffance que perfonne juf-

dunum, est celle du Bibrax que l'armée Belgique, assiégea. Bibrax étoit indubitablement bâti sur le sommet de la montagne de Biévre, éloignée de sept lieuës de celle de Noyan vers le Levant d'été. Quiconque a pris la peine d'examiner comme j'ai fait la figure de cette montagne (*a*) sur la-

qu'ici ait fait attention à la situation du Mont de Noyan, qui est cependant digne de remarque, en ce qu'elle se trouve entre les plus beaux biens qu'avoient à leur porte les Chefs de la Nation Soissonno se sçavoir le Mont de Soissons d'un côté qui étoit pour le bled, & le Vau de Soissons de l'autre qui étoit pour le paturage.

[1] Je me crois en état de pouvoir dire comme Polybe parlant des Alpes, *Lib.* 3. de la traduction de Perrot : *Quibus de rebus nos quidem eò audacius scribimus, quòd ea loca ipsi vidimus, ob eam solummodo causam profecti ut* [*montes*] *conspicaremur.* Et pour pouvoir travailler avec plus de succès, j'avois les Commentaires de César à la main, en faisant à l'égard des montagnes de Noyan & de Biévre, ce que Polybe a fait par curiosité à l'égard des Alpes.

quelle est une plaine d'un quart de lieuë ou environ de longueur, qui d'ailleurs est escarpée & isolée presque de tous les côtez, excepté du côté du Nord qu'elle communique par une petite langue de terre aux terrains voisins. (*a*)

Cette langue de terre n'a guere que 50. ou 60. pas communs de longueur.

[*a*] Il m'a toûjours paru étonnant que d'habiles Géographes comme Samson & Liebaux, ayent placé ce Bibrax dans le Canton de terre qui est au Midi de la riviere d'Aîne, l'un a Braine, l'autre a Fîmes. Il ne faut qu'un peu de réfléxion sur la narration de César, pour comprendre que Bibrax devoit être au Nord de cette riviere, & dans la Contrée d'où le corps d'armée de la Nation Belgique venoit pour combattre contre César. C'est ce que Dormay Historien de Soissons a bien senti, & d'autres depuis lui : & s'il a fait quelques efforts pour indiquer ce Bibrax dans le Diocése de Laon, il a eu raison en cela : mais tantôt il l'a mis à Sissone qui est trop loin du camp de César, tantôt à Bruyeres qui est aussi un peu trop éloigné du même camp, & dont la situation n'étoit guere propre pour une Ville Gauloise ; & depuis dans les remarques qu'il a placées à la fin de son quatriéme Livre, il semble s'en rapporter a Dudon de Saint Quentin, qui a écrit que Laon portoit de

Quiconque, dis-je, a examiné ces choses, ou a fait at-

son tems le nom de Bibrax. Mais la montagne de Laon est encore plus éloignée de l'endroit où étoit le camp de César, que ne l'est Bruyeres : & si c'étoit cette montagne qui eût été *Bibrax*, César auroit dû compter de son camp jusques-la quinze ou seize mille pas, ou bien il faudroit prendre le parti de dire que ce camp n'étoit pas sur le bord de l'Aîne, mais qu'il en étoit éloigné de deux lieuës ou environ, ce qui est faux Ce ne sont donc que des Ecrivains des moyens & des bas siecles, peu versez dans la lecture de César, qui ont osé ajoûter au nom *Laudunum* de la montagne de Laon, l'autre nom Gaulois de Bibrax. M. de Valois rapporte leurs textes en parlant de Laon, page 290. de sa Notice, & il n'en paroît aucunement touché. L'Ecrivain Laonnois Auteur d'un Dictionnaire Géographique, imprimé à Laon in 4 en 1680. le fait cependant parler décisivement, & lui fait dire que c'est Laon qui s'appelle Bibrax, à cause des deux montagnes sur lesquelles elle est située, qui s'étendent en forme de bras, comme si le Celtique ou Gaulois pouvoit être dérivé du Latin. Quelques Ecrivains citez par le même M. de Valois ont placé Bibrax dans le Retelois, les uns à Bray qu'on ne connoît point, d'autres à Barby ; mais ce seroit perdre le tems que de s'arrêter à les refuter. Le Bray en Laonnois sur lequel d'autres Ecrivains suivis par Marlot ont eu

tention qu'elle est précisément
à huit mille pas de la plaine de

des vûës, conviendroit assez, si l'étymologie de son nom n'y étoit opposée : car on sçait d'où vient le nom de Bray fort commun en France, & jamais il n'a pû être dérivé de Bibrax. Secondement, sa situation paroît opposée à l'Histoire : Les Belges dont le dessein étoit de gagner le Pont sur l'Aîne où étoit la Garnison Romaine, pour entrer de-là dans les terres plus voisines de Reims, n'avoient garde de s'avancer du côté de Soissons, dont ce Païs les rapprochoit de trois lieuës, pendant qu'il les éloignoit du Pont-à-Vere de quatre. Ainsi tout bien consideré, c'est Biévre, Ville alors située sur la cîme d'une montagne qui est restée inculte, n'y ayant pas souvent un demi pied de terre sur la superficie. Elle est traversée par un grand chemin qui va de Laon à Reims, & pour cette raison elle pourroit être appellée *Mons Bifractus*, quoique le chemin n'ait point fait de cavitez sur la crête, à cause de la proximité du roc ; mais il paroît peu convenable, comme je l'ai déja dit, de tirer du Latin l'étymologie du nom d'une Ville Gauloise. C'est cette Ville de *Bibrax*, ou de *Biévre*, que les Belges confédérez essayerent de prendre, & qu'ils ne purent, parce qu'elle fut promptement secouruë par ceux de César, qui y entrerent du côté du Nord, d'où l'on communiquoit avec le reste du Païs Remois, & d'où il étoit aisé de gagner la plaine de

Pont-à-Vere & de Chaudarde, où devoit être le Camp de Cé-

Corbeny, & de se rendre au Camp & au Pont. Il n'est pas surprenant qu'il ne reste pas de vestige de Ville sur cette montagne, parce que les Villes Gauloises étoient très-faciles à détruire, n'étant bâties que de bois & autres matieres legeres. Il n'y paroît qu'un reste d'ancien chemin sur la croupe vers le bout oriental, au dessus du Village de Biévre, qui est situé en bas du côté du Midi. C'est en venant du même côté, qu'à la distance de demie lieuë ou environ, on est frappé à la vûë de cette montagne, & qu'on ne peut s'empêcher d'y reconnoître le *Bibrax Remorum*.

A l'égard de la montagne sur laquelle César rangea si avantageusement le gros de son armée en bataille, après la levée du siege de ce *Bibrax* par les Soissonnois, & autres Belges, c'étoit certainement celle qui s'éleve au-dessus de Crâne, Cranelle, du bout de bois de Cuissy, Ouche, & l'Abbaye de Vauclair. & peut-être aussi une partie de celle de Paissy tirant vers Aille. Tout ce que dit César y convient parfaitement, & l'on ne voit point qu'il ait pû y avoir de marais aux environs que ceux de la Vallée, où depuis l'on a bâti le Monastere de Vauclair, desquels se forme la petite riviere d'Elette. Il étoit facile de dessus cette montagne dont la vûë porte loin, sur tout vers le milieu qui étoit un peu plus élevé, d'appercevoir les Belges campez à une demie lieuë de-là, à l'en-

sar

SUR LE SOISSONNOIS. 25

far, sur le rivage Septentrional de l'Aîne, & outre cela qu'il y a une analogie parfaite entre *Bievre* & BIBRAX, ne doit point douter, que le concours de toutes ces circonstances

droit où est le Village de Bouconville, & étendus en largeur sur les territoires de S. Jean de Pency, de Neuville, Chermicy, & Bouconville, jusqu'auprès des bois de Corbeny, ce qui formoit l'espace de deux bonnes lieuës ou environ, ainsi que le marquent ses Commentaires. Il faut remarquer qu'il n'y a pas de montagnes aux environs de Pont-à-Vere, qui figure plus que celle dont je viens de parler, sur laquelle sont adossez le Bourg de Crâne & le Village de Crânelle, & qu'on n'en trouve point de cette espece du côté du Bac à Berry & Neuf-Châtel, si ce n'est celle de Prouvais, qui n'est qu'un tertre en comparaison de celle de Crâne, le reste de ce côté-la étant Pais de plaines. Il m'est venu une pensée que je ne proposerai que comme une conjecture : c'est que comme Crâne & Crânelle s'écrivoient autrefois Craone & Craonelle, il semble à ces indices qu'ils auroient été dits originairement en Latin *Craodunum* & *Craodunellum* : or le nom *Craodunum*, n'est pas fort éloigné de *Cæsarodunum*, qui étoit admis comme demi Latin & demi Gaulois, chez les Gaulois Romanisez.

B

n'emporte avec foi la pofition fûre & certaine de cette Ville Gauloife jufqu'ici inconnuë, ou fur laquelle on a toûjours héfité. Trouvant donc dans la pofition relative de ces deux montagnes une entiere conformité avec l'hiftoire, & dans leur figure une reffemblance prefque totale avec la montagne où étoit fituée la celebre Alife dans le pays des Mandubiens que j'ai auffi vûë & vifitée, je ne balance pas à croire que la Ville principale de la Nation Soiffonnoife & dans laquelle le Roi faifoit fa réfidence, étoit bâtie fur la montagne qui forme aujourd'hui le territoire de la Parroiffe de Noyan, & que comme Bibrax des Rémois étoit auffi fur le fommet d'une montagne d'un accès également difficile, c'étoit l'ordinaire dans les pays secs, tel qu'est le Soissonnois, que les Villes fussent sur des montagnes. Comme donc il y a encore dans le Soissonnois d'aujourd'hui un aussi grand nombre de montagnes d'une figure semblable à celles de Noyan & de Bievre, on peut se persuader sans difficulté, que ç'a été sur quelques-unes d'entr'elles qu'ont été bâties les autres Villes Soissonnoises subordonnées à celle de Noyan. On en trouveroit même plus de douze de cette nature, si on vouloit prendre la peine de parcourir avec attention tout le Diocése ou territoire.

Les hauteurs d'auprès de Braine dont le nom est Gaulois, ont pû en contenir une. Celles d'auprès de Vailly ou *Autrement Vesly.*

le Chavonnes également: ou bien elle auroit été située à l'embouchure de la riviere de Vesle dans l'Aîne; ce qui par la jonction des deux rivieres, & la rencontre de quelques bois adjacens rendoit l'endroit peu abordable.

Quoique la qualité du terrain du pays Tardenois ne soit pas excellente, & qu'il n'y ait que la moitié des terres, qui soit regardée comme fertile, son étenduë cependant jointe à quelques autres preuves engage à y chercher quelqu'une des Villes de ces anciens tems. La racine Gau-

Gloss. Can-
t novæ
lit. Col.
061. voce
Bastardus.

loise *Tard* marquant que c'est un pays de sources, indique suffisamment qu'il y a des montagnes. Il est vrai que la pente n'en est pas si rude qu'aux montagnes qui sont autour de

Soissons. Mais comme Fere, qui est le principal lieu entre ceux qui sont habitez, & Dole qui en est une des contrées, portent des noms Gaulois ou Barbares qui désignent des amas de familles réünies en un même endroit, & des partages faits entr'elles, il est difficile de ne pas croire qu'il y ait eû quelque Ville des Gaulois Soissonnois sur quelqu'une des éminences de ces cantons-là. (a)

Valesius in Nott. Gailiar. voce Fara, & Gloss. Cangii vocib. Fara & Dolæ.

Si quelque endroit pouvoit plaire aux mêmes Gaulois par rapport aux marais, ce devoit être les étangs ou pieces d'eau formées par la petite riviere

[a] Je n'insiste point sur Château-Thierry pour des raisons qu'il seroit trop long d'inserer dans cette Dissertation. Je sçai cependant qu'on voit entre Soissons & cette Ville quelques restes d'un ancien chemin.

de Seigneul, qui passe dans le lieu qu'on a depuis appellé Longpont, à cause de l'abondance des sources qui y coulent. Le nom d'Ancienville que porte un village de ces quartiers-là, pourroit venir de ce qu'il y auroit eu une ancienne habitation des Gaulois. (*a*)

Tout m'inspire à franchir les bornes étroites qu'a présentement le Diocése de Soif-

[*a*] Le nom Romain auroit succedé à l'ancien nom Gaulois, & l'auroit fait éclipser. Je ne dis rien de la vaste & riche campagne de Chaudun, parce qu'elle étoit trop voisine de Noyan, pour qu'il y ait eu là une Ville. D'ailleurs on ne peut rien décider sur la signification de la premiere syllabe du nom Gaulois *Chaudun*, qu'on ne sçache l'origine du nom de *Caletes*, que portoient les Peuples du fertile Païs de Caux. C'est aussi assez près de Noyan que commence sur la montagne une campagne très-fertile de quatre lieuës de longueur. Comme elle est connuë par le nom remarquable de *Mont de Soissons*, je laisse à mes Lecteurs à en tirer quelles conséquences ils voudront.

fons du côté du Couchant d'hyver ; & à attribuer à l'ancien païs Soiſſonnois une partie des belles campagnes qu'on voit dans le païs Mulcien & dans le Valois : j'en ai déja touché les raiſons ci-deſſus. Pages 5. 6. 8. & 10.
Selon cette ſuppoſition la chaîne des montagnes qui commence du côté de Meaux, & qui s'étend vers Senlis, ſur laquelle ſont ſituez Montgé, Dammartin & Montmeillan devoit ſervir de poſition à l'une des douze Villes Soiſſonnoiſes, & peut-être même à deux, puiſque quelques-unes des campagnes au-de-là de Dammartin, en tirant vers Paris, pouvoient être encore de la liſiére ou dépendance du peuple Soiſſonnois. Sans oſer rien décider ſur Dammartin, dont le nom n'eſt point Gau-

lois, (*a*) j'aggregerai Montmeillan aux Villes Soiſſonnoiſes, comme auſſi Montepilois. Il eſt évident à l'égard de Montmeillan, que ſon nom dérivé de *Mediolanum* eſt Gaulois. (*b*) Une

[*a*] On le ſurnomme *Dammartin-en-Goële*, ce qui voudroit dire que Goële eſt un nom de Conrrée ; mais la ſignification de ce mot *Goële* eſt reſtée inconnuë, à moins qu'on ne s'en rapporte à ceux qui diſent que c'eſt un nom que les Gaulois ou Belges donnoient aux terres qui étoient legeres. Or il n'y a préciſément à Dammartin que le terrain de la montagne qui eſt tel, les terres d'en bas étant toutes mieux conditionnées. Il y a auſſi un petit Païs de Goële dans l'Artois.

[*b*] Quelque rapport que les noms *Mediolanum*, *Mediomatrices*, *Argentoratum*, & autres paroiſſent avoir avec le langage latin, ce ſont cependant des mots dérivez d'une autre Langue, qui eſt la Celtique ou la Belgique, ou bien la Gauloiſe en general. *Mettoſedum* eſt dans le même cas que *Mediolanum* ; & comme ce mot ſe trouve quelquefois écrit ſans ſa premiere ſyllabe, & ſimplement *Ioſedum*, c'eſt une marque que chez les Gaulois *Met* ou *Med* étoit une des racines du langage, & *Iolan* auſſi bien que *Ioſed* une autre. Je pourrois citer ſept ou huit endroits des Gaules appellez anciennement *Mediolanum* ou *Mettolanum* ;

SUR LE SOISSONNOIS. 33
partie du Diocése de Senlis, dans l'enceinte duquel il est renfermé à peu de chose près, pouvoit appartenir à l'ancien Soissonnois, & même une partie de ce qui forme aujourd'hui le Diocese de Meaux du côté du Nord; & il n'est

mais je me contente de produire Château-Meillan en Berry, qui est nommé dans des monumens de huit cens ans que j'ai vûs & dans des monnoyes très-anciennes, *Castrum Mediolanum*; ce qui désigne qu'il est le même que *Castrum Mediolanense* du Berry dans saint Gregoire de Tours de la derniere édition, & qui rend inexcusables les Auteurs du Poüillé qui ont exprimé ce lieu par *Castrum Meliandi*, ou *Castrum Melianum*. Montmelian doit donc sûrement être *Mons mediolanus*, ou *Mons mediolanensis*. Avant l'arrivée des Romains dans les Gaules il étoit appellé simplement *Mediolan*, l'addition du mot *Mons* a été faite par eux. Il n'est pas besoin de rappeller ici que le nom de *Mediolanum* est celui que les Æduens, celebre peuple de la Gaule Celtique, donnerent à la ville de Milan, qu'ils bâtirent dans l'Insubrie, selon Tite-Live. *Decad.* 1. *lib.* 5. Je soupçonne que *Med* ou *Maid* signifioit bon ou fertile chez les Gaulois. J'ai au moins la preuve que *Mad* & *Mat* le signifioit.

B v

pas tout-à-fait hors de vraisemblance, que si les peuples *Sylvanectes* & *Meldi* furent laissez libres, & *sui juris*, ce fut en conséquence de leur ancienne liaison, & peut-être dépendance de la Nation Soissonnoise, la premiere des Gaules qui avoit été subjuguée par César. M. de Valois est en cela d'un sentiment opposé à Mr. Samson ; mais je ne sçai s'il a bien prévû l'objection qui se présente naturellement contre l'existence des *Sylvanectes* & *Meldi*; qui est, que s'ils eussent fait un Peuple du tems de César, ils n'auroient pas plus été omis dans l'énumération que les Remois lui firent des forces de chaque Canton des Belges, que ceux du Païs Vexin & du Païs de Caux l'ont été.

Nous ne voyons dans le nom

de Verberie que la premiere syllabe qui est évidemment Gauloise, & qui signifie *Grand*. Quelqu'un sera peût-être d'avis d'y placer sur la montagne, plûtôt que sur celle de Montepilois, une des douze Villes Soissonnoises du tems de César.

Il a dû y avoir aux environs de Nancel & d'Autrêche, un endroit habité appellé *Latanobriga* ou *Litanobriga*, [a] nom composé de deux racines Gauloises. La preuve s'en tire du nombre de milliers de pas que les Itinéraires Romains donnent pour distance de ce lieu à Soissons dans la route d'Amiens à cette Ville, & de ce qu'en effet un des anciens che-

Lat signifioit un marais, & *Latan* apparemment un petit marais.

Itiner. dictum vulgò Antonini.

(a) La lecture de *Litanobriga* est mieux fondée, puisque nous trouvons que Tite-Live même fait mention d'une grande forêt des Gaulois appellée LITANE.

mins militaires du Païs Soiſſonnois paſſe dans ces cantons-
là. Il eſt vrai que Nancel &
Autrêche ſont dans des vallons;
mais ſeroit-ce le premier exemple d'habitations tranſportées
du haut des montagnes en bas
pour la commodité des hommes ? Et ne voit-on pas que
lorſque cela arrive il ſe forme
de nouveaux noms ? Que ſçait-
on ſi en foüillant de plus près
dans ce qu'il y a de caché à nos
yeux, on ne trouveroit point
que *Nemetocenna* ville Belgique
du ſuplément aux Commen-
taires de Céſar, ſeroit *Nancel*,
qu'on auroit autrefois écrit &
prononcé *Nemptcenne*, ou
Nemptſenne. (*a*) Un ancien

___
(*a*) *Nemetum* auſſi bien que *Ver* ſont
certainement des noms Gaulois, ſelon un
vers du Poëte Fortunat.
Voyez ſur *Senna* le Livre de la Religion.

Poëte a écrit que l'expérience faisoit voir que les Villes pou-voient mourir comme les hommes. *Cernimus exemplis oppida posse mori.* Il faut toûjours po-ser pour constant, que *Litano-briga* a dû exister dès le tems de la domination des Gaulois desquels il tenoit son nom.

Rutil. in itiner.

Il ne me reste à proposer

des Gaulois, liv. 1. chap. XXII. Le change-ment de la lettre S en C , & du C en S est une chose triviale ; celui de la lettre N en la lettre L est moins commun ; cependant on en a une infinité d'exemples, & c'est toûjours le François qui substituë la lettre L en place de la lettre N du Latin ; ainsi *Marna* a fait Marle, *Ruscino* Roussillon, *Bononia* Boulogne, *Medenantensis* Melan-tois, *Donuineum* Doullens, *Vicinonia* la ri-viere de Vilaine. Dans la plaine campa-gne où passe le grand chemin militaire, qui de Vic-sur-Aîne conduit à Cutz est un endroit nommé les Loges, qui paroît avoir été habité autrefois, à en juger par les ves-tiges qui en restent sur les bords de ce che-min, & même par la simple denomination ; ce lieu est au Couchant de Nancel , qui se trouve dans un Cartulaire du XIII. siecle: écrit quelquefois *Nancel*.

qu'un petit canton à l'extrêmité septentrionale du Païs Soiffonnois. Il semble qu'on peut soupçonner qu'il y a eu une habitation considérable de Gaulois aux environs de Guny & de Creffy. C'est Guibert Abbé de Nogent-fous-Coucy qui m'en fait naître la penfée, lors qu'il témoigne que dans la plaine située au Nord de ces deux Bourgs, on trouvoit une infinité de fepulcres rangez en cercle autour d'un feul qui tenoit le milieu, avec des urnes dedans. Cette bizarre difpofition, qui jointe à ces urnes, prouvoit felon lui que c'étoient des fepulcres de Payens, eft d'autant plus digne d'attention, qu'on trouve encore la même chofe en Angleterre proche Sarifbery qui eft une contrée que les Gaulois Belges ont fouvent vifitée,

Lib. 2. de vita fua. cap. 1.

& où Divitiacus Prince Soiſſonnois avoit été reconnu pour
Roy avant l'arrivée des Romains. (a) Je n'oſe cependant
soûtenir, que ces tombeaux
ayent été des Gaulois du tems
de Céſar; il y a plus d'apparence qu'ils étoient des *Gaulois Romaniſez.*

Les principes que j'ai avan-
cez peuvent aider à trouver la
poſition du reſte des Villes

[a] Si les Gaulois n'habitoient pas le milieu de l'Iſle, on ne peut nier qu'ils n'ayent demeuré ſur les côtes, dont Saris-bery n'eſt pas fort éloigné. Voyez le P de Monfaucon T. 5. du Suplément de ſes Antiquitez p. 149. Un Curieux de ma connoiſſance qui a vû en 1734. ce monument ſepulcral ou cercle de pierres rangées dans un ordre concentrique, m'a dit qu'à Sariſbery on lui donne le nom de Stoninge. Ne ſeroit-ce point un champ de Mars comme celui dont il eſt fait mention dans la Vie de S. Eleuthere de Tournay? *Mortua eſt filia Tribuni, & in campo qui dicitur Martis, ut mos erat, à Paganis ſepulta eſt.* Bolland. 20. Februarii.

Soissonnoises que je n'indique pas. Je me contente de fixer celle du *Noviodunum* de César, sur la montagne dite de *Noyan*. Cette situation qui tenoit un peu trop de la grossiereté & de la défiance continuelle où étoient les Gaulois, ne convenoit plus après que les Soissonnois eurent reconnu la domination Romaine. Peu à peu la montagne cessa d'être habitée, & elle devint un cadavre ou squelette de Ville, pour me servir de l'expression d'un ancien. Les Romains dont une Colonie vint vraisemblablement sur les lieux, se bâtirent des édifices à la Romaine : les Naturels du Païs suivirent leur exemple, & tous convinrent qu'il étoit plus commode de se loger dans la vaste plaine ou prairie qui étoit sur le bord de

Ciceron.

la riviere d'Aîne ; (a) en sorte que déja sous Auguste la nouvelle Ville formée par la réünion des deux Peuples prit le nom de ce Prince, & fut appellée Augusta Suessionum. On ne doute point que sous les Empereurs Romains il n'y eût un Palais dans cette même plaine, comme dans plusieurs celebres Villes des Gaules : & delà vient probablement la tradition sur le Château d'Albâtre, où il est vrai-semblable que ces Princes logeoient lorsqu'ils passoient par Soissons. (b)

(a) On voit encore dans la campagne entre le Soissons d'aujourd'hui & Saint Crépin en Chaie quantité de restes de tuiles à l'antique, comme dans les ruines de l'ancien Autun : Ce qui prouve que tout ce canton a été plein de bâtimens Romains. Je conserve par curiosité des tuiles du troisiéme siecle qui sont presque entieres. Elles sont de la même facture que les fragmens que j'ai vû dans la plaine que je viens de nommer.

(b) Valentinien I. a dû y passer allant

Il n'est point certain que les habitans de cette Vallée fussent d'abord fermez de murailles en forme de Château, parce que dans ces premiers tems les Peuples de l'Empire Romain ne craignoient point d'irruption de la part des Barbares; & les maisons étoient trop écartées les unes des autres pour pouvoir souffrir aisément une clôture commune. On a quelques exemples d'autres Villes Romaines de même espece qui n'ont été fermées de murs que fort tard. Mais après l'écoulement de quelques siecles, les mouvemens qui étoient à craindre firent former une Cité en maniere de Château dans le quartier où la Bourgeoisie s'étoit plus communément ras-

Biblioth. manuscript. Labbei. 10. 1. p. 526.

de Reims à Paris en 365. & en 366. *Ex logibus ejusd. apud Godefrid.*

semblée. L'ancien quartier qui étoit plus au Nord de la plaine devint peu à peu désert; & enfin tous les Citoyens Romains & les *Gaulois Romanisez* habiterent une Cité de forme quadrangulaire qui avoit d'Orient en Occident quelques cent cinquante toises, & du Midi au Nord cent trente ou environ. C'est celle dont on voit des restes de murs qui regardent le Couchant dans le Palais Episcopal, (a) & qui font

[a] On voit dans ce Palais au même lieu proche le perron, le reste d'une Tour quarrée qui étoit à l'angle du Sud-Oüest de cette Cité. Ces murs sont de même travail que ceux qui ont été faits pour enfermer d'autres Citez aux troisiéme & quatriéme siecles de l'Eglise, de petites pierres quarrées entremêlées d'une double bande de briques, a la distance d'environ trois pieds l'une de l'autre. De cette Tour quarrée, ils descendoient le long de la ruë dite des Minimes à gauche. On y en voit encore les vestiges dans la derniere maison proche de la ruë des Prisons. De là ils

face au Midi proche la ruë des Prisons.

s'étendoient jusqu'à l'endroit où est l'entrée de l'Abbaye de Notre-Dame, & ils n'approchoient pas si près que ceux d'aujourd'hui de la riviere d'Aîne, laquelle comme on lit dans une Vie de S. Drausin, étoit sujette a se déborder presque tous les ans. L'autre longueur parallele des mêmes murs étoit à commencer depuis un pressoir qui est dans un coin de la ruë des Cordeliers proche la Fontaine de la grosse tête, & se voit le derriere des maisons qui sont a la gauche de ceux qui descendent la ruë de S. Nicolas. Il y a apparence que l'endroit de ces murs qui tomba en 582. selon saint Gregoire de Tours, l. VI. c 21. étoit une portion qui regardoit l'Orient, & qui pouvoit avoir été endommagée de longue main par les débordemens de la riviere. C'est de ce côté-là & dans un angle de cette vieille enceinte qu'Ebroin bâtit au septième siecle le Monastere de Notre-Dame. Trebelhus Pollio dit à l'art de Lollien que Posthume bâtit pendant les sept années de son Regne, la plûpart des Villes des Gaules ; mais quoique cet Empereur fut d'abord reconnu dans la Belgique, je n'ose pas assurer que les murs de Soissons dont je viens de parler, ne soient que de son tems. Une preuve certaine qu'ils seroient posterieurs, & qu'ils ne seroient que du quatriéme siecle, seroit, si on y voyoit des restes d'Idoles enfoüis dans les fondemens, comm il en paroît dans ceux de plusieurs autres

SUR LE SOISSONNOIS. 45

Il n'y a aucune Ville dans tout le Diocefe ou Païs Soiſſonnois, qui puiſſe montrer

Citez. Au reſte, il n'étoit pas rare chez les Romains de donner a leur Cité une forme quarrée. Rome avoit été quarrée dans ſes commencemens, ſelon quelques Auteurs. Bourdeaux l'étoit originairement ſelon le Poëte Auſone. Cologne, ſelon la relation du Voyage de M. Joly Chantre de Notre-Dame de Paris. Langres, ſuivant une Hiſtoire manuſcrite de cette Ville que j'ai vû. Tours & Nevers, ſelon la remarque de gens du païs ; Auxerre l'étoit auſſi ſelon le témoignage des yeux : la petite ville de Vermand chez les Belges, & celle de Lantz ſur Laigne chez les Langrois, que j'ai auſſi vûës étoient quarrées, à en juger par les ruines. Delà peut être le nom de Caire & celui de Beaucaire donné a quelques Villes. Avec un peu d'attention, on peut remarquer qu'au de-là des limites que je donne à la Cité quarrée de Soiſſons, les ruës ſont plus larges, parce qu'elles ſont plus nouvelles. En aggrandiſſant au XII. ſiecle l'Egliſe Cathédrale du côté de l'Occident, on perça ces anciens murs Romains, & on pouſſa l'édifice quelques toiſes hors de la Cité. Ce qui fait que lorſqu'on inhume quelque Chanoine devant le portail, comme je l'ai vû pratiquer, on rentre dans un uſage des Romains qui étoit de ne point inhumer dans l'interieur des Citez.

des restes de murs d'une semblable antiquité. Les Romains cependant eurent differents Châteaux & Bourgs dans ce Païs. (*a*) On ne peut douter de la haute antiquité de ceux qui avoient un nom moitié Latin & moitié Gaulois, tel qu'*Augustomagus* qui devoit être à quatre lieuës ou environ de Soissons sur la route d'Amiens, & qui constamment n'est pas Senlis, quoiqu'en dise M. de Valois. (*b*) C'est sur la route qui conduisoit de ce côté-là

(a) Dès le tems de César les Romains donnoient le nom de *Vicus* aux endroits des Gaules qui n'étoient point Villes, comme il paroît par ce qu'il dit d'*Octodure* du païs des Helvetiens Ce nom est resté à quelques endroits du Païs Soissonnois, comme à Vic-sur-Aîne.

(b) A prendre en détail les milles que l'Itineraire d'Antonin marque d'Amiens à Soissons, on n'en trouve tout au plus que 59. ou 6) Or pour les faire c'est s'écarter terriblement que de passer par Beauvais ou par Senlis.

SUR LE SOISSONNOIS. 47
qu'on a trouvé depuis quelques
années deux colonnes milliai-
res dressées sous Septime Severe
& sous Caracalla pour marquer
la septiéme lieuë Gauloise en
comptant depuis Soissons, ce
qui revient à trois lieuës & demie des nôtres. (*a*) Dorman
sur la Marne paroît se trouver
dans le même cas : c'est un nom
formé de la racine Gauloise
Dour & de celle de *man* qui
signifioit bon chez les anciens
Romains, comme Varron &
Festus l'enseignent. (*b*) M. de

(*a*) Tant de personnes ont écrit depuis
vingt ans sur ces deux colomnes, que je croi
inutile de m'y arrêter.
(*b*) Je les cite après M. de Valois sur
Augustobona, page 562. de sa Notice. Ce
même Auteur y contredit page 323. ce qu'il
dit page 176 sur ce Dorman Soissonnois,
& il ne sçait en quel Diocese le mettre, le
confondant avec un Village qui est sûrement d'un autre Diocese. Au reste le nom
de *Dormans* peut être entierement Gaulois
ou Belgique, si la seconde syllabe qui le

Valois croit que le nom latin de Compiegne, *Compendium*, suffit pour dire cette Ville commencée du tems des Romains, ou des *Gaulois Romanisez*. On peut le dire avec autant de fondement de Montmirail, *Mons mirabilis*, & encore avec plus de raison de Basoche où étoient les Greniers des Romains au troisiéme siecle. Il y paroît encore sous terre du côté du Couchant au-delà de la riviere de Vesle dans le lieu dit Pont-d'Ancy au dessous de l'embouchure de la petite riviere de Lice, (a) des restes de quelques édifices de ces tems-là, &

Not. Gall. voce Compendium.

Basilica.

compose vient de la même racine que la seconde du mot de *Norman*.

(a) Dans un manuscrit de Reims cité par les Bollandistes au 14. Juin les SS. Rufin & Valere sont dits martyrisez, *juxtà Vidula decursum, vel super Licis fluminis unda.*

de plusieurs chemins qui y aboutissoient. (*a*) Enfin je croi pouvoir mettre dans le rang des endroits du Soissonnois les plus anciennement habitez par les Romains, celui qu'on appelle Muret, dont le nom vient certainement de *Muratum*. Il est vrai que le lieu n'est pas aujourd'hui muré ; mais il a dû y avoir dans des tems fort reculez une enceinte de murailles d'une assez grande étenduë, & qui ne convenoit qu'à ce que les Romains appelloient *Castrum*. On en voit encore dans le Parc des vestiges si sensibles par l'élevation des terres, que delà il s'est formé une tradition qu'il y avoit eu en ce lieu

---

(*a*) Ceci est tiré des memoires de la descente faite en ce lieu par le celebre Mr. Foucault Conseiller d'Etat. Pont d'Ancy n'existe plus ; il n'y a que la place & une Ferme qui appartient à S. Ived de Braine.

un Camp de César. *(a)*

(a) On peut remarquer ici en finissant cet article, que les territoires des Citez de Troyes & de Beauvais contigus a celui de Soissons eurent besoin d'être repeuplez sous Constance Chlore, selon ce que dit Eumenius dans son Panégyrique, & non pas le Soissonnois; ce qui marque qu'il avoit été conservé dans son état florissant.

II.

Forces & armes des anciens Habitans du Soissonnois.

ON a vû ci-dessus que les Remois certifiérent à Jules César, que les forces des Soissonnois réünies ensemble montoient à cinquante mille hommes. Ces troupes devoient se lever dans les Vics, ou Villages, comme dans les douze Villes du Païs. Mais ce qui en augmentoit beaucoup le nom-

Voyez au bas de la page 46. l'explication du mot de Vic.

bre dans ces tems-là, c'eſt qu'il n'y avoit aucun âge ni condition, ſi ce n'étoient les Druides ou les Philoſophes de la Nation, qui fût diſpenſé d'aller à la guerre contre les ennemis de l'Etat, pas même les vieillards, & il y avoit une punition décernée contre celui qui arrivoit le dernier au lieu déſigné. Bien plus ; afin que les enfans conçuſſent plûtôt l'inclination de porter les armes, ils ne pouvoient ſe trouver dans la compagnie de leur pere, ni le voir, qu'ils n'euſſent l'âge & les forces compétentes pour le ſervice.

Comment. Ceſar. lib. 8.

Ceſar, lib. 7. circà finem.

Ceſar, lib. 6.

Les Gaulois ne pouvoient pas manquer d'être de grands guerriers, puiſque la coûtume, avant l'arrivée de Céſar, étoit que preſque tous les ans ces Peuples fuſſent en guerre, ou pour ravager le Païs de leurs voisins, ou pour repousser leurs insultes. Ce n'étoient pas au reste des hommes comme ceux d'aujourd'hui, la plûpart de taille commune ou petite; mais des hommes de haute stature, & qui se croyoient bien fondez à mépriser la petite taille des Romains; des hommes faits à la fatigue dès l'enfance & endurcis contre les injures de l'air. On diroit qu'avec toutes ces dispositions, les Soissonnois devoient avoir une Infanterie & une Cavalerie également faites au travail. Cependant, s'il en faut croire Strabon, les Gaulois quoique naturellement tous guerriers étoient encore meilleurs Cavaliers que Fantassins. César fait une mention assez expresse de la Cavalerie des Soissonnois,

César, ibid.

César, lib. 2.

SUR LE SOISSONNOIS. 53
à l'occasion de quelques lege- *Prælio eques-*
res escarmouches qu'il y eut *tri. Cesar lib. 2.*
entre les Belges & ses troupes,
avant que ces Gaulois au lever
du siege de Bibrax, eussent
tenté de passer la riviere d'Aîne ; il falloit même que cette
Cavalerie fût considerable,
puisqu'étant descendu peu de
tems après chez les Nerviens,
il fut frappé de voir que ces *Equitatis*
Peuples n'employoient gueres *nihil possunt*
que de l'Infanterie pour se dé- *ea rei stu-*
fendre de leurs ennemis. *dent, sed*
quidquid
Les armes ordinaires des *possunt pe-*
destribus va-
gens à pied chez les Belges, *lent copiis.*
comme celles des gens à che- *Cæsar, lib. 2.*
val, étoient les fléches. On
s'en servit au siege de Bibrax,
où les Soissonnois avoient ac- *Cesar, lib. 2.*
compagné Galba leur Roy.
Mais César remarqua de plus à
cette occasion, que les pierres
n'étoient pas oubliées, & que
C iij

lors qu'ils entreprenoient le siege d'une Ville, ils commençoient par en faire voler une grêle si abondante, que ceux qui gardoient les remparts, étoient obligez de se retirer promptement. Strabon, après avoir attribué à plusieurs Gaulois l'usage d'une lance ou grand dard en forme de demie picque, dit que quelques-uns avoient aussi celui de l'arc & de la fronde. C'est ce qui est vrai à l'égard des Soissonnois, comme on vient de le voir.

Luc. lib. I. de Bello Civili.

(a) Mais je ne puis omettre

[a] S'il étoit permis de s'étendre d'avantage, je parlerois ici du matras ou javelot empenné, qui paroît être le même dont parle Strabon, lequel se lançoit autrement que les fléches ordinaires & atteignoit de loin ; il servoit plus communément, selon le même Auteur, à la chasse des oiseaux. Je dirois aussi un mot des os pointus, qui se mettoient au bout d'un charpe de bois, & autres armes offensives : & en parlant de la matiere des armes, j'examinerois si le fer a été employé chez les

une remarque de Lucain, touchant les armes de ces Peuples en particulier. Il dit qu'ils étoient des guerriers fort alertes malgré la longueur de leurs armes: *Longisque leves Sesso-nes in armis.* (a) Cependant l'adresse, l'habileté, ou l'activité que ce Poëte donne aux Soissonnois pouvoit ne leur pas être singuliere, si l'on doit étendre à toute la Nation Gauloise, ce que Strabon dit des Celtes en general, qu'ils donnoient tous leurs soins pour ne pas devenir gros ni gras, & qu'il y avoit une amende

Lib. 4. in fine.

Gaulois avant le cuivre. Mais il vaut mieux renvoyer sur tout cela à la sçavante Dissertation du R. P. de Montfaucon, dont il paroît des extraits imprimez.

[1] Je suis persuadé que la correction que M. de Valois a fait de ce texte en mettant *Sessones*, au lieu d'*Axones*, est bien fondée: & je ne crois pas qu'il soit besoin de produire ici les raisons qu'il a eu de la faire.

contre les jeunes gens, qui étoient d'une corpulence autre que celle du commun. Au reste on peut dire de cette Loi, ou qu'elle ne regardoit pas les Rois de la Nation, ou que la rigueur avec laquelle on l'obfervoit n'empêchoit pas qu'on ne devînt gros, lorfqu'on avoit atteint un certain âge. (*a*)

Ce n'étoit pas non plus par un privilege fpecial que Lucain attribuoit de longues épées aux Soiffonnois. Il ne feroit pas étonnant que des corps de fix pieds ou plus, comme étoient tous les Gaulois, euffent des armes d'une

[*a*] Je fais cette remarque par rapport au nom que portoit celui qui étoit Roi de Soiffons du tems de Céfar. Il s'appelloit *Galba*, & felon Suetone, ce mot fignifie *Præpinguis* en Langue Gauloife. *Sueton. in Galba*. Dans l'Allemand d'aujourd'hui *Galb* fignifie *jaune*.

autre longueur que les Romains. Mais ce n'étoit point là la veritable raiſon, quoiqu'elle ait paru plauſible à M. de Valois : c'étoit de tems immemorial que la Nation Gauloiſe avoit porté des épées extrêmement longues, peſantes & ſans pointes, qui ne pouvoient ſervir qu'à frapper à certaine diſtance, & par conſequent un coup ſeulement avec le tranchant ou de taille, & non d'eſtoc, ni de près comme les Romains. On peut voir ce qu'en dit Polybe. J'ajoûterai ſeulement ici une circonſtance marquée par Strabon ; qui eſt, que cette longue épée étoit attachée à leur côté droit, comme le poignard chez les Perſes. Le même Ecrivain parlant des chiens élevez dans la Grande Bretagne, dit que

In Notit. Gall.

Lib. 2. & 3.

Lib. 4.
Diod. Sic. l. 6.
Herodot. i.3 Polymn a, l. b. 7. n. 61.

C v

les Gaulois s'en fervoient à la guerre auffi bien que des leurs. *Strabon. lib. 5.* (*a*) D'où l'on peut conclure que les Soiffonnois ont employé ces fortes d'animaux dans leurs armées, puifqu'ils étoient en fi grande relation avec les Habitans d'un Canton de cette Ifle, qu'ils n'a- *Cefar. lib. 2.* voient eu pendant un tems qu'un feul & même Roi.

Lors donc que nous lifons que les Soiffonnois remirent toutes leurs armes à Céfar, en lui rendant leur *Noviodunum*, il faut entendre ces longues épées, les fléches avec les carquois & arcs proportionnez. J'en dis de même des boucliers, efpeces d'armes défenfives auffi ufitées parmi eux. Il en eft fait

[a] Ovide & Martial font mention des chiens des Gaulois appellez *Veltres*: on les a depuis appellez *Veautres*.

mention assez clairement dans le siege qu'ils firent de Bibrax avec leurs Confédérez. L'Historien dit qu'ils s'en servirent pour faire ce que les Romains appelloient la tortuë; c'est-à-dire, qu'ils se couvrirent le dos de ces boucliers approchez les uns des autres; & qu'ils formerent par ce moyen une espece de voûte en maniere d'écailles de tortuë, qui les garantissoit des flèches & des pierres de ceux du dedans de la Ville. Le fossé qui empêchoit l'accès de leur *Noviodunum* du côté le plus foible, étoit d'une juste largeur, & les murs d'une bonne hauteur (*a*) : mais ils n'a-

Testudine factâ Cesar, l. b. 2.

Latitudo fossæ, muri altitudo.

[a] Un fossé creusé sur une montagne pierreuse comme celle de Noyan ne pouvoit être remarquable, qu'en la largeur & non en profondeur, à cause du roc qui n'est pas bien éloigné de la superficie. Ce de-

C vj

voient jamais vû, ni même entendu parler des machines, dont César usa pour approcher de cette Ville, & ils furent les premiers des Gaules sur lesquels le Conquerant Romain voulut en essayer. (*a*)

Les Soissonnois ne se trouverent pas dans le même cas que d'autres Peuples plus Septentrionaux de la Gaule Belgique, qui firent de longues

Les Nerviens.
César, lib. 2.

voit être à peu près comme à Alise, dont le fossé uniquement creusé a la partie orientale, qui étoit la plus foible, n'avoit que six pieds de profondeur selon César témoin oculaire, *Lib.* 7. Les murs devoient être aussi à peu près comme ceux *d'Avaricum Biturigum*, dont le même Historien fait la description au même Livre. Les forêts étoient peu éloignées, & la pierre encore plus proche. La montagne de Noyan est creuse sous terre en certains endroits.

[*a*] J'entends parler de ces tours de bois à plusieurs étages, qu'on dressoit pour être à portée de lancer des javelots au-dessus des remparts sur ceux du dedans; & de ces beliers qui servoient à ébranler & a abattre les murs.

résistances aux armées Romaines. On ne voit point que comme eux, ils eussent appris des prisonniers de guerre faits sur les Romains l'usage des tours, des faulx, ni des beliers. Amis des Romains dès le moment qu'ils s'en rendirent les sujets, ils apprirent de ces mêmes Romains tous les secrets de l'art de la guerre. (*a*) Strabon qui écrivoit sous Tibere, après avoir dit que les Romains tiroient des Gaulois la meilleure partie de leur Cavalerie, restraint ensuite le témoignage qu'il rend de leur valeur, à ceux qui habitoient

[a] Le Continuateur des Commentaires de César, nous apprend que les desseins que les Beauvoisins, & autres Belges avoient eu d'entrer chez les Soissonnois, six ans après la reddition de leur Ville, furent sans succès, & que César plaça chez-eux les deux Legions, qui étoient commandées par C. Fabius. *Comment. Lib.* VIII. *circà initium.*

les Cantons plus Septentrionaux & plus Occidentaux. Il en fait auffi-tôt l'application aux Belges encore plus expreffément, comme étant ceux qui avoient eu de plus frequentes occafions de repouffer les Barbares qui paffoient le Rhin. (*a*) Et après avoir défigné ces Peuples en general, il ajoûte que les meilleurs guerriers parmi eux étoient les Soiffonnois, après ceux du Beauvoifis. (*b*) Les armes des

---

[a] Tels que les Germains, les Cimbres & les Teutons. *Cefar. lib. 2. n. 36.*

[b] *Inter Belgas praftare aiunt Bellovacos, ac fecundùm hos Sueffio es. Strab lib. 4.* On croyoit encore au quatriéme fiecle, qui eft celui auquel écrivoit Ammien Marcellin, que fi les Belges avoient été les plus vaillans des Gaulois, c'étoit à caufe qu'ils étoient les plus éloignez de l'Italie, les moins expofez à voir les effets de la molleffe Romaine, & les plus accoûtumez à fe battre contre leurs voifins qui étoient les Germains. *Amm. Marcell. lib. XV.* & le Pais Soiffonnois paffoit au treiziéme fiecle pour fournir encore des corps très-robuftes.

Romains sont assez connuës, sans qu'il soit besoin d'en faire ici la description, ni de représenter un Soissonnois Romanisé, qui a changé sa longue épée Gauloise & émoussée contre une épée plus courte & perçante, & son bouclier foible & peu épais, pour un autre plus massif & plus ouvragé. Mais il est à remarquer que les Soissonnois ne furent pas restraints à se servir eux-mêmes des armes à la Romaine, pour défendre leur territoire des incursions des Barbares d'au-de-là du Rhin : Soissons fut le lieu de toutes les Gaules, si on en excepte Strasbourg, où l'on fabriqua le plus d'armes à l'usage des armées Romaines.

selon ce vers de Guillaume le Breton dans sa Vie de Philippe Auguste :
Valle Suessonicâ fortissima corpora surgunt.

La Notice de l'Empire rédigée au quatriéme siecle, désigne trois fabriques differentes dans cette Ville; l'une de boucliers, la seconde de machines qui servoient à jetter les pierres, & la troisiéme de cuirasses. (*a*) On sent assez que cette fabrique ne s'y soûtint qu'à la faveur de la forêt de Retz, qui pouvoit rendre le bois fort commun; & que si on les avoit placées dans ce Canton interieur de la Gaule Belgique, c'étoit pour suppléer au défaut de celles de Strasbourg & de Tréves, qui étoient d'une plus grande consomma-

Ou au plus tard vers l'an 400.

[a] Pancirole qui a publié cette Notice à Lyon en 1608. n'étoit pas certainement attentif à ce qu'il écrivoit, lorsque dans son Commentaire sur cet endroit en particulier, il a inseré cette mauvaise observation : *Suessi sunt Helvetiorum populi*. Peut on commettre une plus grande erreur Géographique, que de confondre le Soissonnois avec la Suisse?

tion, à cause du voisinage des Païs Barbares. Je croi qu'il est permis de conjecturer que quelqu'une de ces fabriques étoit sur la petite riviere de Crise, & que ce seroit de-là que viendroit la tradition du Païs touchant le Château de Crise, qui auroit pû être en effet comme une espece d'Arsenal de ces tems-là. Quelques-uns se fondent sur un ancien monument pour assûrer que ce fut à Soissons & aux environs, que les Romains placerent la vingt-cinquiéme des Legions de l'Empire, dans le tems qu'ils en distribuerent plusieurs dans les Gaules, (a) & selon la

Gallia Christ. in Ep. Suess.

[a] Cette Legion XXV. n'a pas fourni de monument a Gruter ni a quelques autres Compilateurs d'antiquitez après lui : mais il en est parlé soit simplement, soit avec le titre de Cyrenarque dans les inscriptions du Recüeil de Gudius CXX 3. CXXVIII. 9. CXIX. 3. CLXX. 6. & CLXXII. 4.

Notice de l'Empire qui eſt un monument inconteſtable; le Païs qui eſt entre les Remois & les Peuples d'Amiens, étoit rempli de troupes tirées de la Nation des Sarmates, & par conſequent le Soiſſonnois devoit en loger une partie.

III.

Mœurs des anciens Soiſſonnois.

Quand je produirois ici tout ce que les Hiſtoriens ont écrit ſur les mœurs des Gaulois; quand je dirois qu'ils étoient legers, inconſtans & changeans, ſimples & ſans malice, & cependant d'un eſprit remuant, féroce & im-

petueux, infupportables lorfqu'ils étoient victorieux, dé-
folez à l'excès lorfqu'ils étoient
vaincus ; quand j'ajoûterois,
que nonobſtant la fageſſe de
leurs loix fur les nouvelles
courantes, ils étoient trop fa-
ciles fur cet article, &c. je
n'avancerois rien qui pût être
appliqué nommément aux anciens Soiſſonnois, qu'autant
qu'il eſt certain par les deſ-
criptions generales des mœurs
Gauloiſes, qu'il n'y a point eu
d'exception en leur faveur.

On peut donc aſſurer de ces
Peuples des premiers tems,
que femblables aux anciens
Gaulois dont il eſt parlé dans
Polybe, & à ceux qui vivoient
du tems de Strabon, ils avoient
des manieres fort fimples &
peu recherchées, qu'ils pre-
noient leurs repas & leur repos

à terre assis sur l'herbe, ou sur des peaux en forme de tapis ou de lits selon leurs conditions; qu'ils n'avoient pour maisons qu'un édifice de figure ronde, fermé de planches & de clayes, & couvert de chaume & de roseaux; qu'ils se nourrissoient de chair, sur tout de celle de porc frais ou salé, mêlant du lait dans la plûpart de leurs mets.

Il étoit d'usage chez-eux, comme chez les autres, de faire consister les richesses dans l'or qu'ils avoient quelquefois en lingots, & dans leurs troupeaux; parce qu'en cas de guerre ces choses étoient plus aisées à transporter. (*a*) Ils se cou-

[1] La plus grande partie de ce que je rapporte ici est tirée de Strabon, de Polybe & autres, & sur-tout de Strabon, *lib*. 4. qu'il auroit été ennuyeux de citer à tout bout de champ.

vroient d'habits courts & de sayes ou sayons à manches, à la différence de ceux des Romains qui n'en avoient pas. Ces habits ne descendoient que jusques vers les genoux : la laine en étoit rude par le dehors, & ils étoient à poil ras du côté qui touchoit la peau. Les riches se paroient le col & les bras de colliers & de bracelets d'or : ils portoient aussi leurs habits rayez de couleurs differentes & entre-mêlez de bandes d'or; & outre cela, ils se faisoient distinguer par une longue barbe. A l'égard des cheveux, il est sûr que les Gaulois ne les avoient jamais flottans sur les épaules : ou ils les portoient courts ; ou s'ils les avoient longs, ils les relevoient par dessus leur tête, pour les laisser tomber en arriere. Les Nobles qui vivoient à la campagne sur le bord des bois ou des rivieres s'exerçoient à la chasse avec l'arbalête. Le cheval étoit le symbole le plus ordinaire marqué sur leurs monnoyes. (*a*) Leurs pieces étoient d'un titre fort bas, à cause de l'abondance de l'alliage. On peut en juger par celles qui sont parvenuës jusqu'à nous. On soûtient qu'il y en a eu sur lesquelles étoit l'empreinte des Rois particu-

Cefar, lib. 6. cap. 7.

Novell. Majoriani In p. tit. I.

Bouteroüe.

[*a*] Je sçai qu'on voit dans le *Thesaurus Brandeburgensis de Beger*, T. 3. p. 6. des noms des Rois Gaulois marquez sur des Médailles en caracteres Grecs, ΒΙΤΟΥΚΟC ΒΑCΙ & ΒΙΤΟΥΙΟC ΒΑCΙΛΕΟC. Mais ce sont des Rois d'une contrée de la Gaule Celtique. Il s'est fait au mois de Decembre 1734. dans le Païs où j'écris ceci, une découverte d'un grand nombre de très-petites Médailles de bronze, la plûpart du tems des trente Tyrans sous Gallien. Une seule m'a paru pouvoir être Gauloise, à cause des caracteres Grecs qui sont dans le champ de la Médaille, accompagnez de differens symboles qui désignent un Port.

liers. Heureux qui auroit pû en produire où seroit le nom des deux Rois de Soissons connus par les Commentaires de César! elles serviroient à décider quels étoient les caracteres des Belges, qui paroissent par César avoir été diffe- *Lib. 5. cap.* rens des lettres Grecques, en 13. sorte qu'il n'y auroit eu que les Druides qui se seroient ser- *Cesar, lib. 6* vi des caracteres Grecs. Pour ce qui est du langage, il est évident qu'il étoit très-éloigné de la Langue Grecque, aussi bien que de la Latine; & en suivant à la rigueur le texte *Cesar Com-* de César, il faut avoüer qu'il *ment. initio* y avoit quelque difference en- *Lib. I.* tre le langage des Belges & celui des Celtes. Toute la Nation avoit des Chantres ou des Poëtes qu'elle appelloit *Bardes :* mais les Belges passèrent pour en avoir davantage, à cause qu'étant les plus vaillans Peuples, ils fournissoient une plus ample matiere à leur Chantre ; & ceux de Soissons aussi bien que ceux de Beauvais étoient dans le cas, puisqu'il y avoit plus de Heros parmi eux, que parmi les autres. (*a*)

[a] J'omets un grand nombre d'autres circonstances des usages & coûtumes des anciens Gaulois, telles que la coûtume de compter par les nuits, celle de venir armez à toutes les assemblées, & l'usage de faire déchirer l'habit de ceux qui y faisoient du bruit : leurs Loix touchant le mariage : leurs regles de Medecine, &c. Rien de tout cela ne regarde les Soissonnois en particulier : je crains même d'en avoir déja trop dit. Mais je ne puis omettre la remarque du P. Lempereur Jesuite dans une de ses Dissertations, imprimée en 1706. à Paris chez Pierre Cot, que le nom de *Galli* fut donné à la Nation Celtique par les Romains, comme une espece de *sobriquet*, à cause qu'à leur parure & à leurs manieres, ils ressembloient beaucoup à l'oiseau appellé *Gallus*. Car ce mot *Gallus* n'a jamais été un nom Celtique ni Belgique ; les Celtes appelloient sûrement l'oiseau en

Telles

SUR LE SOISSONNOIS. 73

Telles étoient en gros les mœurs & les coûtumes qu'on peut attribuer aux anciens Soiſſonnois. Mais quoique leurs mœurs ne fuſſent pas ſi groſſieres que celles des Germains & celles des Habitans du centre de la grande Bretagne, ils prirent cependant beaucoup des manieres des Romains, lorſqu'ils ſe furent livrez à eux. Ayant mis les armes bas, ils commencerent à s'adonner plus qu'ils n'avoient fait à l'agriculture. Ils ſe laiſſerent perſuader qu'il convenoit de travailler à ce qui étoit plus utile, & ils cultiverent même les Lettres. Mais s'il eſt vrai qu'ils euſſent continué juſqu'alors dans l'uſage de ne boire que de la bierre, il faut *Iidem facile perſuadere ſibi ſinunt ut utiliora amplectantur; itaque diſcipline tis m & litteris ſe dederunt.* Strabo, lib. 4 de Gallis.

queſtion du nom de *Cocq*, comme ils font encore aujourd'hui. *Sueton. in Vitellio.*

D

avoüer que par leur commerce avec les Celtes, ils apprirent bien-tôt à connoître la vigne. Ceux-ci en avoient reçû la connoissance des Gaulois Meridionaux, lesquels, selon Macrobe, n'avoient commencé que bien long-tems après la fondation de Rome à la cultiver. Quoique Strabon ait écrit que dans les Gaules, au-de-là des Monts appellez *Cemmeni*, d'où sort la Loire, l'experience fit voir que la vigne ne portoit que difficilement son fruit à une parfaite maturité, il y a cependant apparence que les Peuples du Soissonnois usoient au moins du vin qui leur venoit d'ailleurs, si dès le tems de César ils n'avoient pas déja planté la vigne. C'est une consequence qui se tire naturellement de ses Commentai-

Macrob. lib. 2. in somn. Scipion. cap. x.

res. Cet Historien, immediatement après avoir parlé de la reddition de leur Ville & de celle des Beauvoisins, remarque comme une nouveauté parmi les choses qui lui furent rapportées par les Nerviens, que ces Peuples, (qui sont aujourd'hui ceux du Tournaisis) ne souffroient pas que les Marchands leur amenassent du vin ou autres denrées, qu'ils regardoient comme capables d'affoiblir le courage. (*a*) Quoiqu'il en soit de ce tems-là, Ammien Marcellin Auteur bien posterieur à César, après

Lib. xv. num. x.

---

[1] Quelques Compilateurs modernes le disent de tous les Belges; cependant César ne le dit que des Nerviens. Il est vrai qu'au commencement de ses Commentaires, il dit en general que les Belges n'admettoient rien chez eux qui pût amollir le courage, mais ce n'est qu'au second Livre qu'il restraint sa proposition generale aux Nerviens pour ce qui est de l'article du vin.

avoir dit des Gaulois de fon tems, qu'ils étoient de haute stature, qu'ils avoient le regard terrible & la voix affreufe, qu'ils étoient exceffivement fiers & portez à la difpute; & après avoir agréablement comparé les batteries où leurs femmes fe mêloient de donner des coups de poing, à des catapultes qui font en mouvement, prononce generalement de toute la Nation, qu'elle aimoit le vin avec avidité : *Vini avidum genus.*

S'il exiftoit encore alors beaucoup de ces Gaulois dans le Païs de Soiffons, il faut avoüer que les Romains les furpafferent en nombre peu à peu, & que la race s'en perdit à mefure que le luxe & le fafte Romain prirent le deffus, ou qu'on les envoya pour former des Legions dans les Provinces d'Orient. Ce fut des Romains qu'ils prirent l'inclination non-seulement pour les plaisirs de la table, mais encore pour les spectacles où les Gladiateurs combattoient contre les bêtes, &c. Soissons eût son amphithéâtre comme les autres Villes pour les Jeux publics. Les arênes qui en faisoient partie étoient peu éloignées de la riviere d'Aîne, au Nord de la plaine, & c'est de-là que le lieu a conservé le nom de *Chaye* formé de *Cavea*, suivant qu'on l'apprend par les anciens titres du Païs. (*a*)

Valef. Not. Gall. p. 58.

[ᵃ] Quelques Antiquaires avec lesquels j'ai conferé sur les amphithéâtres des Villes de France, depuis que j'ai vû dans le Gâtinois un reste d'édifice qui en a des marques, m'ont assuré, que quoiqu'en dise M. de Valois, le mot de *Chaye* n'est point un témoignage suffisant pour prouver l'e-

IV.

Gouvernement de l'ancien Païs Soissonnois.

Les mœurs des Gaulois avoient eû chez les Soissonnois des premiers tems une grande influence sur le Gouvernement. J'ai déja dit plus d'une fois que ces Peuples particuliers avoient eu des Rois; mais ces Rois à vie n'avoient pas un pouvoir si absolu, que

xistence ancienne de l'amphithéâtre de Soissons, non plus que celui de Chaye pour celui de Meaux. Mais je croy qu'il y a moyen d'accorder ces differens sentimens, en avoüant que les amphithéâtres des Villes un peu moins célébres étoient bâtis beaucoup moins somptueusement, que ceux des Villes du premier rang. Et si celui d'Autun est réduit presque à rien, il n'est pas surprenant que ceux de Soissons & de Meaux soient disparus entierement.

celui que les Princes de ce nom eurent depuis. Le Roi étoit obligé de maintenir les loix generales de la Nation Gauloise dans l'étenduë de son district, & dans celui où on le reconnoissoit aussi pour Roi. Il ne paroît par aucun monument, que les Peuples du Soissonnois ayent eu un Vergobret, (*a*) comme en avoient les Æduens. Les Peuples Gaulois élisoient souvent par leurs Députez Provinciaux, un Chef general dont l'autorité superieure à celle des Rois particuliers duroit jusqu'à ce que l'affaire qui l'avoit fait élire fût consommée. L'humeur factieuse de la Nation, & le besoin de proteger le foible con-

Cesar lib. 1. cap. 4.

[ᵃ] Les Allemans se servent encore du mot *Vverkober*, pour signifier *Supremum munus*. Dissertation du P. Lempereur 1706. page 55.

D iiij

tre les oppreſſions du puiſſant, étoient la cauſe de cette multiplication de Maîtres & de Gouverneurs. Les Habitans de la campagne, & les autres gens de la populace ſe ſoumettoient à la ſolde des Nobles, autrement dits Chevaliers, non pas cependant en eſclaves. Le Peuple comme les Nobles travailloit également à maintenir la liberté du Canton, ou de l'Etat Républiquain, par le nombre de Cliens ou de Solduriers (*a*) qu'il fourniſſoit

[a] On ne ſçauroit mieux repreſenter ce que c'étoient que ces Soldures ou Solduriers, ou Cliens dévoüez, qu'en rapportant les termes de Céſar, *Lib. 3. cap. V. Devotorum quos illi Soldurios appellant, hac eſt conditio, ut omnibus in vita commodis una cum his fruantur quorum ſe amicitiæ dediderunt: ſi quid iis per vim accidat, aut ejuſdem caſum una ferant, aut ſibi mortem conſciſcant: neque adhuc hominum memoriâ repertus eſt quiſquam, qui eo interfecto, cujus amicitiæ ſe devoviſſet, mori recuſaret.* Et au Liv. 7. chap. VIII. *Clientibus*

aux Chevaliers. Je ne dis rien ici des Druides, qui étoient comme les Prêtres & les Docteurs de la Nation. Ils n'avoient part dans le Gouvernement, qu'en ce qu'ils rendoient des jugemens, & qu'ils regloient les peines ou les récompenses. Mais ils avoient leur voix, comme les autres, dans la création du Souverain Magistrat ; & les femmes même étoient des assemblées, qui se tenoient pour la guerre ou pour la paix.

On peut juger de la nature du Gouvernement des Soissonnois, par la fraternité qu'ils entretinrent presque toûjours avec les Remois. Ceux-ci parlant à César, les appellent leurs freres & leurs alliez : ils déclarent qu'ils ne forment en-

---

nefas est more Gallorum etiam in extrema fortuna deserere patronos.

semble qu'un même Etat, qu'ils ont les mêmes Magistrats ou le même Sénat, & qu'ils sont gouvernez par les mêmes Loix. On n'y voit de difference qu'en ce que les Soissonnois avoient un Roi. Ce privilege spécial pouvoit avoir été la cause de la rupture entre les Remois & eux, lorsqu'il fut representé dans l'assemblée generale des Belges où les Remois n'avoient pas jugé à propos de se trouver, qu'il seroit honteux qu'un Etat si étendu & si riche, & qui possedoit le Roi de la Province, se rendît aux Romains sans coup férir.

Cette difference ne fut pas de longue durée. Soissons ne peut compter plus de deux Rois qu'elle ait fourni à la Province Gauloise Belgique.

Réünie aux Remois après avoir reconnu les Romains, la Cité Soiſſonnoiſe tint toûjours les premiers rangs dans les aſſemblées de la Nation, parce que les Remois auſquels elle étoit attachée, étoient les ſeconds dans l'Alliance faite avec les Romains, & n'a- *Ceſar.lib.6.* voient au-deſſus d'eux que les Æduens. (*a*)

Lors qu'Auguſte eût diſtribué des Officiers Romains dans les Villes conquiſes par Céſar, qu'il eût créé des Préfets ou Préſidens, des Queſteurs, &c. & qu'il y eût fait faire le dénombrement des biens, Soiſ-

[*a*] Cette ſuperiorité de Soiſſons au-deſſus des autres Citez de la Belgique a toûjours eu lieu depuis, ainſi que l'on voit par la Notice de l'Empire, & par la Notice des Gaules: & c'eſt ce qui eſt très-clairement marqué dans un vers, qui ſe voit gravé ſur une des portes du Palais Epiſcopal de la même Ville.

D vj

fons eut l'avantage de se voir la plus à portée qu'aucune autre Ville de la Belgique, de posseder le Préfet Romain, & *Lib. 4.* d'en recevoir les ordres. Il est certain par Strabon, que sous le Regne de Tibere il faisoit sa résidence à Reims. On ignore quels furent les Notables de la Ville de Soissons, qui purent être élevez aux Dignitez de la République Romaine, en vertu du consentement que le Sénat de Rome y avoit donné sous l'Empire de Claude : mais on sçait que dès les premiers tems que les Soissonnois *Plinius, lib.* furent Romanisez, ils furent *4. cap. 17.* inscrits parmi les Colonies Mu- *juxta quas-* nicipales ou Peuples libres ; ce *dam editio-* qui marque, que les Empereurs successeurs de Jules les avoient gratifiez de certains Privileges, & exemptez de quelques tributs ou charges publiques, & qu'ils se choisissoient eux-mêmes leurs Magistrats indépendamment de toute autre puissance. (*a*)

Il n'est point surprenant après cela, de voir que la Ville de Soissons ne trempa dans aucune des révoltes excitées contre les Empereurs Romains. On doit présumer au contraire que ses Députez se signalerent dans l'assemblée generale tenuë à Reims sous le Regne de Vespasien, à l'occasion de la rebellion des Citez de Tréves & de Langres causée par Civilis. (*b*) On peut juger à

Tacitus, lib. 20.

[ª] Je ne cite Pline que selon une édition que j'ai vûë. D'autres éditions font tomber l'épithete *Liberi* sur *Ver.ini*. Mais il n'y a pas d'apparence que les Soissonnois attachez aux Romains fussent de pire condition qu'eux.

[b] On sçait par le témoignage de Tacite, qu'il s'agissoit alors de garder la fidelité aux Romains, & que Reims faisoit

coup fûr de Soissons Cité attachée à Reims, par l'état constant & invariable où Reims se maintenoit, comme Alliée & Confédérée aux Romains.

Dio Cassius in Carac.

Quoique la qualité de Citoyen Romain, qui fut accordée par Caracalla aux Bourgeois des Villes Soissonnoises, comme aux autres sujets libres de l'Empire Romain, rendit dans la suite les Habitans contribuables envers l'Empereur, & mit à ce sujet une espece d'égalité entre toutes les Villes, on ne voit pas que jamais ces Peuples ayent reclamé ni qu'ils se soient joints à aucuns rebelles. Il falloit au contraire que les Romains fussent bien

gloire d'observer cet article, n'ayant pas même trempé dans la révolte de Vindex fous Neron, & encore moins dans celle de Julius Sabinus de Tréves fous l'Empire de Tibere.

persuadez de leur fidelité, puis- *Acta SS. Ru-*
qu'ils placerent sur leurs limi- *n. & Valer.*
tes un magazin très-confide- *Boll. 14. ju-*
rable de leurs grains. *nii.*

Je ne m'étendrai pas à faire ici une application particuliere à Soissons du changement qui fut fait dans le Gouvernement des Gaules, par la multiplication des Officiers que Constantin le Grand créa, ni de la séparation que ce Prince fit des Offices Civils d'avec les Militaires. Il suffit de dire, *Notit. Im-* que des cinq Ducs établis alors *per. Roma-* dans les Gaules, la seconde *ni.* Belgique dont est Soissons eut le sien en particulier, comme aussi son Consulaire, quoiqu'il n'y en eût que six pour toutes les Gaules. Cette Province fit encore voir plus qu'aucune autre sous l'Empereur Constance, qu'elle se prêtoit toute

Zozime.

entiere au Gouvernement lorsqu'il n'étoit pas rigoureux. Les Peuples apprenants que Julien déclaré Céfar avoit pris des mefures pour faire lever les impôts fans le miniftere d'aucun Huiffier, en acquitterent le payement avant le tems de l'échéance. Il n'y auroit que la faction de Tibaton, dans laquelle il pourroit fe faire que les Soiffonnois euffent entré, parce que la Chronique de Profper, qui marque cette révolte à l'an 434. dit en general, que la Gaule Ulterieure fuivit fa rebellion, & que le parti des mécontens appellez alors Bagaudes en fut fort augmenté: or il paroît que par rapport à un Ecrivain, qui demeuroit dans l'une des parties Méridionales des Gaules, la Belgique devoit être comprife dans

Amm. Marcell. lib. 17. num. 2.

la Gaule Ulterieure. Mais au cas que les Cantons pacifiques de la Belgique se fussent joints à Tibaton ; ce qui empêche d'y comprendre Soissons, est, que cette Ville fut le lieu de toutes les Gaules, où la puissance Romaine se trouva, pour ainsi dire, comme *concentrée* dans le tems que les Francs profiterent de la foiblesse de l'Empire, pour étendre leurs conquêtes dans la même Belgique. Les Soissonnois se virent devenir François à la mort de leurs Gouverneurs, à peu près de la même maniere que cinq cens ans auparavant de Gaulois ils étoient devenus Romains ; & ce qui est digne de remarque, est, que la même Capitale qui s'étoit la premiere renduë aux Romains après un siege en forme, fut la derniere qui conserva leurs Officiers Militaires. Le celebre Ægidius qui y avoit résidé en cette qualité, laissa à son fils Syagrius le titre de Roi dont il avoit joüi dans les derniers tems : & ce nouveau Roi Romain posseda Soissons & les environs, jusqu'à ce que Clovis Roi des François en fît la conquête.

V.

Religion des Habitans de l'ancien Païs Soissonnois.

LA Religion des anciens Soissonnois a eu cela de commun dès les commencemens avec celle des autres Peuples des Gaules, tous descen-
Cesar. lib. 6. dus de Pluton, selon les Drui-

des; qu'elle n'admettoit aucuns Temples faits de la main des hommes. Le culte des Dieux étoit dans les forêts, & c'étoit une partie de ces mêmes forêts qu'ils regardoient comme leurs Dieux. Le chêne étoit un arbre mysterieux, & le fruit qu'il produisoit étoit consideré comme un fruit divin. (a) Ce qui sortoit de quelques chênes privilegiez étoit encore plus respecté, & même employé avec confiance dans les remedes : je veux parler du Gui. Il n'est pas besoin de m'étendre davantage

[a] Je ne puis exposer ici l'origine de leur respect infini pour le Chêne. Les uns le font venir d'une tradition puisée dans les livres de Moïse ; d'autres croyent cette tradition venuë des Perses, & ont écrit, qu'elle avoit pour principe, que les hommes avoient vêcu de gland, aussi-tôt qu'ils eurent conçû de l'horreur de se manger les uns les autres, si cependant il faut croire qu'ils se soient jamais ainsi mangé.

sur la dévotion qu'ils portoient à ce fruit ; elle étoit commune à toute la Nation.

L'objet du culte religieux n'étoit pas rare dans le Païs Soiſſonnois, où il y a toûjours eu de grandes & vaſtes forêts, ſur-tout dans la partie Occidentale. La maniere de lui rendre ce culte y fut auſſi conſervée des plus pures, & l'on peut aſſurer que les Soiſſonnois paſſoient ſouvent le Détroit Britannique ou la Manche, pour aller conféer leur cérémoniel avec celui de la Grande Bretagne, qui avoit eu originairement le même Rit, & où l'alteration ne pouvoit avoir eu d'accès. (*a*) La communication des mêmes pratiques de

[*a*] J'ai crû devoir tourner ainſi la choſe pour accorder Tacite avec Céſar ; & pour être plus exact, je n'ai point employé les noms d'Anglois ni d'Angleterre.

Religion fut d'autant plus facile entre les deux Peuples, que pendant quelque tems ce fut un même Prince qui commanda aux uns & aux autres. Il est donc inutile de dire, que les Druides de Soissons & les Seigneurs du même Païs sacrifioient non-seulement des animaux, mais encore des hommes, ni de rapporter les manieres dont ils les immoloient, & les conséquences qu'ils tiroient de la figure que le patient faisoit en mourant, & du cours de son sang. Il seroit ennuyeux de rapporter ici le détail de leurs cérémonies & observations ou traditions superstitieuses, non plus que les opinions qui naissoient de leur croyance sur l'immortalité de l'ame : il faudroit transcrire pour cela un trop grand nombre d'Auteurs. (*a*)

Dans la suite, les Soiſſonnois auſſi bien que les autres Gaulois ſe fabriquerent quelques ſimulacres : & le caractere ou l'attribut ſous lequel ils les adoroient, fit croire aux Romains que c'étoient les mêmes Dieux que les leurs. Ils en honoroient un ſous le titre d'Inventeur des Arts, & comme préſidant au trafic, l'autre comme gueriſſant les maladies; celui-ci comme ayant la direction des Arts, celui-là comme tenant l'Empire du Ciel, cet autre comme conduiſant les affaires de la guerre. Le témoignage de Céſar touchant le grand nombre de ſimulacres de Mercure, qui étoient dans les Gaules, nous porte à croi-

Ceſar, lib. 6.

[*a*] Céſar, Diodore de Sicile, Strabon, Pline & pluſieurs autres.

re qu'il devoit y en avoir de semblables dans le Païs de Soissons, & celui de Mars ne devoit point être oublié, chez une Nation aussi guerriere, que César & Strabon l'ont representée.

Je suis bien éloigné de rejetter la tradition, par laquelle on débite dans le Soissonnois, qu'à deux lieuës ou environ de la riviere d'Aîne vers le Midi, étoit un bois appellé *Taf* ou *Tav*, par corruption de Tarw, où les Druides faisoient des sacrifices auprès des chênes les plus remarquables. Je dis plus, & j'ose avancer, que la forêt d'Artenne ou Artanne qui en est fort voisine, servit au même usage. Il suffit pour s'en convaincre, de faire attention, que le nom d'Artenne vient de la même racine Gauloise, que le nom de la célébre forêt d'Ardenne, & que *Tarvos* a signifié un chêne ou un bois chez les Gaulois. Je renvoye à la note ci-dessous, (*a*) de crainte d'ê-

[*a*] On ne doit point faire de difficulté sur le changement de la lettre D. en T. il y en a cent exemples. Artanne étant donc la même chose qu'Ardanne ou Ardenne, a dû être un bois distingué des autres par le culte d'une Divinité, dont on a fait depuis la Diane des Romains, mais que les Gaulois continuerent d'appeller Ardoinne ou Arduinne. On peut voir chez Gruter, page xl. cette Divinité representée avec Mars - Camulus par ordre d'un Remois retiré en Italie, & le Traité du P. Martin Benedictin sur la Religion des Gaulois.
Il est vrai que le *Tarvos* des bas reliefs de Notre-Dame de Paris paroît avoir plus de rapport au Taureau qu'on y voit, qu'aux branches de chênes qui l'environnent. Cependant il y a lieu de croire que Tarw, chez les Gaulois, signifioit un chêne ou un bois, puisque Derw ou Darw, signifie une forêt dans un ancien Historien du Païs Chaalonnois, rapporté par Dom Mabillon, & que chez les bas Bretons, Derw signifie un chêne. Voyez le Gloss. de M du Cange nouvelle édition aux mots *Dervum* & *Dervesum*.

tre

tre trop long, les preuves de ce que j'avance, & je croi qu'il doit paffer pour conftant, que les éminences toufuës de bois qui reftent en partie à *Tau* & à Artanne, ont été les hauts lieux, & les bois facrez dont les arbres couvroient les cérémonies fecrétes des Druides Soiffonnois. Tout porte à conclure de cette maniere, & le voifinage de leur *Noviodunum*, qui n'étoit qu'à une lieuë ou environ, & l'élevation extraordinaire de ces bocages qui font apperçûs de fort loin. (*a*)

Les Romains qui furent tranfplantez dans le Païs des Soiffonnois, leur apprirent une Religion moins fanguinaire que celle des Druides, mais qui n'étoit pas plus éclairée.

[a] On apperçoit les bois de Tau & d'Attanne des envitons de Laon.

Au lieu de bois nud, brute & impoli, ces Peuples commencerent après l'extinction des Druides, fous les Empereurs Romains, à adorer des *Statuës*. Les Arts se perfectionnant, on mit la pierre en œuvre pour figurer ces Divinitez, & heureusement pour l'idolâtrie ce n'étoit pas une matiere fort rare dans le Soissonnois. Mars continua de tenir son rang. La Nation Soissonnoise plus belliqueuse que l'ancienne Remoise, devoit porter un respect particulier à ce Dieu de la guerre ; & si l'on a des preuves que les Remois l'honoroient sous le nom de *Camulus*, on doit croire à plus forte raison la même chose des Soissonnois leurs freres & leurs plus proches voisins. (*a*) Un

[*a*] Il seroit à souhaiter qu'on pût dé-

SUR LE SOISSONNOIS. 99
monument trouvé à Soissons
en 1683. presque dans le mi- *Iter Ger-*
lieu de la Cité, confirme la *manicum Mabillonii.*
pensée qu'avoient eu quelques
Historiens du dernier siecle,
qu'on y avoit honoré *Isis*. Le
nom de Serapis qui se trouve
sur le même monument sert à
prouver la multiplicité des
Dieux que le Paganisme y re-

couvrir quelle étoit la statuë que les Soissonnois avoient fourni pour l'ornement de
l'Autel, que tous les Peuples des Gaules
avoient fait ériger à Lyon en l'honneur
d'Auguste; mais cet Autel est détruit depuis trop de tems. C'étoit sans doute
Mars ou Diane. Si j'avois été tenté de
donner dans les choses incertaines, je
me servirois du nom de *Belleu* que porte
une partie de la montagne de Noyan, pour
tirer quelques inductions en faveur du culte
d'Apollon ou *Belenus*. Au moins le nom
de *Belleu* sembleroit-il venir de la racine
Celtique *Bel*, reconnuë par M. de Valois,
& qui selon lui signifie *sacré*. Mais j'ai pardevers moi une preuve certaine que cet An-
tiquaire n'a pas bien rencontré, lorsque sur
le mot *Sacer Portus* de sa Notice, il a donné deux prétendus mots Celtiques *Bar* &
Bel. Je ne conteste cependant que sur *Bel*.

E ij

connoissoit. Mais comme les figures relatives à l'inscription n'ont pas été recouvrées, on ne peut dire sous quel symbole ces Divinitez avoient leur culte chez les Soissonnois. (*a*) D'anciennes copies des

[*a*] On ne peut pas assurer que le mot *Metis* de cette inscription soit entier. Il est visible que le bout de la troisiéme ligne est usé. S'il est permis de suppléer aux endroits où la pierre est rongée, autrement que n'a fait le Pere Mabillon, je crois qu'on peut conjecturer qu'il y a eu *Exspectatus Hermetis*, *Aug. Disp.* Le nom d'Hermes n'étoit pas rare chez les Romains, & la fonction de Dispensateur est souvent marquée dans les inscriptions. v. Gruter. Il y a sûrement MYRIONYMA, dans la seconde ligne, comme je l'ai verifié dans un jardin de l'Hôtel-Dieu de Saint Gervais de Soissons où cette pierre est conservée : mais c'est la faute du Graveur, car jamais il n'y a eu autrement. Isis étoit peut-être representée de plusieurs manieres relativement à son épithete de *Myrionyme*. Le systême des Egyptiens porte à croire, que c'étoit la Lune que l'on a voulu honorer sous le nom d'*Isis*, & le Soleil sous le nom de *Serapis* en le disant le même qu'*Osiris*. Il pouvoit cependant y avoir eu quelque animal figuré au-dessus de cet espece d'Autel.

Actes de S. Crêpin & de ceux des Saints Ruffin & Valere, attestent suffisamment que Diane étoit honorée dans le Païs Soissonnois vers la fin du troisiéme siecle. (*a*) Ce que j'ai dit ci-dessus des bois d'Artenne pouvoit avoir fourni matiere à ce culte. Mais comme les bois étoient presque aussi communs alors dans ce territoire que les labourages, cette Divinité dût avoir un grand nombre d'adorateurs ailleurs, que sur les hauts lieux voisins de l'ancien *Noviodunum*.

Les choses étoient en cet état, lorsque la Religion Chrétienne qui s'établit dans le Païs, commença à inspirer du

[a] *Quos deos colitis ?..... Jovem aut Dianam ?..... Jovem machum aut Dianam mereticem compita silvarum tenentem non colimus.* Acta SS. Ruf. & Valer. Boll. 14. Junii.

mépris & même de l'horreur pour le bois & la pierre qu'on adoroit auparavant. Il y eut sans doute des Idoles brisées à Soissons vers le commencement du quatriéme siecle. L'Auteur de la Vie de S. Onesime, qui fut Evêque de cette Ville cinquante ans après, nous dit que ce ne fut que sous son Episcopat, que la Vallée Soissonnoise acheva de détruire les faux Dieux. (*a*) Seroit-ce dans le même tems que les biens des Druides auroient été distribuez aux Prêtres des Chrétiens ? La tradition de Soissons le veut ainsi. Mais quel intervalle n'y a-t'il pas eu

[*a*] *Adhuc tenerâ in Valle Suessionica nascentis Ecclesiæ pullulabat infantia, ut antiquiora Annalium tradunt monumenta... funditus evertunt falsorum aras Deorum :... ubique destruuntur Paganorum delubra.* Acta SS. apud Bolland. XIII. Maii, ex Manuscripto Longi-Pontis.

entre le tems des Druides & l'an 350. de JESUS-CHRIST? Quoiqu'il en soit, Noyan où étoit la principale Ville des Soissonnois, se trouve appartenir de tems immémorial à l'Evêque de Soissons. Et comme les Druides du Païs Soissonnois étoient les plus célébres de la Province, après ceux de Reims, aussi le Pontife qui préside au Clergé de ce Diocése, est-il dans une possession perpetuée de siecle en siecle, d'avoir la préséance sur tous les autres Prélats de la seconde Belgique.

Un des points de la Religion des anciens Gaulois consistoit dans les funerailles. Ce qu'ils y pratiquoient montroit qu'ils croyoient que les morts ne faisoient que changer de Païs, & qu'après cette vie ils passoient incontinent à une autre. Tant d'Auteurs se sont étendus là-dessus, que je n'en dirai rien davantage. On sçait qu'ils brûloient les corps : c'est pour cette raison qu'on ne trouve ni dans le Soissonnois ni ailleurs aucuns ossemens qui en proviennent. La même coûtume continua d'avoir lieu, lorsque le Païs fut sous la domination Romaine ; & elle a dû continuer à Soissons & dans d'autres lieux des Gaules plus long-tems qu'on ne pense. J'ai pardevers moi des preuves évidentes qu'elle y subsistoit encore sous Postume. (a)

[a] Il a quatre ans que l'on découvrit à une lieuë d'ici, une urne cineraire qui renfermoit des Médailles jusques à celles de l'Empereur Postume inclusivement, lesquelles paroissoient toutes fraîches : elles étoient mêlées parmi les cendres avec des morceaux de crâne humain sûrement passez par le feu, que je conserve pour la preuve

Il est parvenu jusqu'à nos jours un des côtez du tombeau d'un Payen du Soissonnois, où l'on voit representée l'apothéose d'un jeune homme, qui paroît avoir été le fils de quelque Seigneur du Païs. Tout ce qui est figuré sur ce marbre que l'on conserve à l'Abbaye de S. Medard de Soissons, donne à croire qu'on a voulu representer que ce jeune Seigneur avoit quitté les délices de la terre, & l'abondance de tous biens pour joüir d'un séjour heureux, où les Génies celestes paroissent le transporter : (a) ce qui étoit un reste du fait, avec les Médailles.

[a] Ce marbre est dessiné dans le second Voyage Litteraire de Dom Marténe, page 17. mais il y a une petite inexactitude, en ce qu'il a oublié de representer les animaux aquatiques, qui y sont figurez par une espece de poisson flottant sur les eaux ; au lieu de quoi son Graveur a representé des chiens qui joüent.

de l'ancienne croyance des Druides, & de celle des Romains enveloppée de nuages qui en cachoient l'origine.

M. Dormay nous apprend qu'il y a eu d'autres curiositez découvertes proche Soissons en differens tems. Mais comme elles ne se retrouvent plus, je suis obligé d'en rester-là. Il n'est pas impossible que d'autres personnes plus voisines que je ne le suis des objets dont j'ai entrepris de parler, n'ayent mieux rencontré que moi : mais si j'ai mal réüssi, j'ai au moins essayé de donner au sujet tout le lustre qu'il pouvoit recevoir sans blesser la verité ; & le Païs Soissonnois ne peut pas sçavoir mauvais gré à un Etranger tel qu'il soit, d'avoir entrepris d'en écrire les antiquitez & les avantages.

Commune est cunctis in suis imperiis prædicari ; sed illud est omnimodis singulare, in extranea gente laudes proprias invenire. Cassiodorus, Variarum lib. x, 19.

PRIVILEGE DU ROY.

LOUIS PAR LA GRACE DE DIEU, ROY DE FRANCE ET DE NAVARRE: A nos amez & feaux Conseillers les Gens tenans nos Cours de Parlement, Maîtres des Requêtes ordinaires de notre Hôtel, Grand Conseil, Prevôt de Paris, Baillifs, Senechaux, leurs Lieutenans Civils, & autres nos Justiciers qu'il appartiendra SALUT. Notre Académie Françoise de notre Ville de Soissons, Nous a très-humblement fait exposer que depuis qu'il a plû au feu Roy notre très-honoré Seigneur & Bisayeul Loüis XIV. d'heureuse mémoire, d'établir ladite Académie, Elle se seroit appliquée depuis son établissement à donner tous ses soins à la perfection de la Langue Françoise, ensorte qu'Elle auroit composé différentes Pieces tant en vers qu'en prose, comme aussi les Dissertations historiques qui lui sont envoyées tous les ans pour le Prix proposé par notre amé & féal Conseiller en nos Conseils le Sieur Evêque de Soissons; & desirant donner à notredite Académie en corps & en particulier, & à chacun de ceux qui la composent, toutes les facilitez & les moyens qui peuvent contribuer à rendre leurs travaux utiles au Public, Nous avons permis & permettons par ces préfentes à notredite Académie de faire imprimer, vendre ou débiter dans tous les lieux de notre obéiffance par tel Imprimeur ou Libraire qu'Elle voudra choifir, *Tous les différens Ouvrages tant en vers qu'en profe compofez par ladite Académie Françoife de Soiffons, comme auffi les Differtations hiftoriques qui lui font envoyées tous les ans pour le Prix* propofé par notredit amé & féal Confeiller en nos Confeils le Sr. Evêque de Soiffons ; & generalement tout ce que ladite Académie jugera à propos de faire paroître après avoir fait examiner lefdits Ouvrages, & jugé qu'ils font dignes de l'Impreffion, pendant le tems & efpace de *douze* années confécutives, à compter du jour de la datte defdites préfentes : Faifons deffenfes à toutes fortes de perfonnes de quelque qualité & condition qu'elles foient d'en introduire d'impreffion étrangere dans aucun lieu de notre Obéiffance ; comme auffi à tous Imprimeurs, Libraires & autres d'imprimer, faire imprimer, vendre, faire vendre, débiter ni contrefaire aucuns defdits Ouvrages ci-deffus fpecifiez en tout ni en partie, ni d'en faire aucuns extraits fous quelque prétexte que ce foit d'augmentation, correction, changement de titre, même en feüilles féparées ou autrement, fans la permiffion expreffe & par écrit de notredite Académie Françoife de Soiffons, ou de ceux qui auront droit d'Elle ou fes ayans cause, à peine de confiscation des Exemplaires contrefaits, de dix mille livres d'amende contre chacun des contrevenans, dont un tiers à Nous, un tiers à l'Hôtel-Dieu de Paris, l'autre tiers au Dénonciateur, & de tous dépens, dommages & interêts ; à la charge que ces présentes seront enregistrées tout au long sur le Registre de la Communauté des Libraires & Imprimeurs de Paris dans trois mois de la datte d'icelles ; que l'impression desdits Ouvrages sera faire dans notre Royaume, & non ailleurs, & que notredite Académie Françoise de Soissons se conformera en tout aux Reglemens de la Librairie, & notamment à celui du 10 Avril 1725. & qu'avant que de les exposer en vente les Manuscrits ou Imprimez qui auront servi de copie à l'impression desdits Ouvrages, seront remis dans le même état avec les approbations & certificats qui en auront été donnez, ès mains de notre très-cher & féal Chevalier Garde des Sceaux de France le Sr. Chauvelin ; & qu'il en sera ensuite remis deux Exemplaires de chacun dans notre Bibliotheque publique, un dans celle de notre Château du Louvre, & un dans celle de notre très-cher & féal Chevalier Garde des Sceaux de France le Sieur Chauvelin, le tout à peine de nullité des Présentes. Du contenu desquelles vous mandons & enjoignons de faire jouïr ladite Académie Françoise de Soissons & ses ayans cause pleinement & paisiblement, sans souffrir qu'il leur soit fait aucun trouble ou empêchement. Voulons que la copie des Présentes qui sera imprimée tout au long au commencement ou à la fin desdits Ouvrages, soit tenuë pour dûëment signifiée, & qu'aux copies collationnées par l'un de nos amez & feaux Conseillers & Sécrétaires foi soit ajoûtée comme à l'Original. Commandons au premier notre Huissier ou Sergent de faire pour l'exécution d'icelles tous actes requis & nécessaires, sans demander autre permission, & nonobstant Clameur de Haro, Charte Normande, & Lettres à ce contraires. Car tel est notre plaisir. Donné à Paris le seiziéme jour du mois d'Aoust l'An de Grace mil sept cens trente-cinq, & de notre Regne le vingtiéme. Par le Roy en son Conseil, SAINSON.

Régistré sur le Registre IX. de la Chambre Royale & Syndicale des Libraires & Imprimeurs de Paris, N° 154. fol. 148. conformément au Reglement de 1723. qui fait défenses, art. iv. à toutes personnes de quelque qualité qu'elles soient, autres que les Libraires & Imprimeurs, de vendre, débiter, & faire afficher aucuns Livres pour les vendre en leurs noms, soit qu'ils s'en disent les Auteurs ou autrement, & à la charge de fournir les Exemplaires prescrits par l'art. viii. du même Reglement. A Paris le 16. Aoust 1735.

Signé, G. MARTIN, Syndic.

Du Lundy cinq Septembre mil sept cens trente-cinq.

Extrait des Régiſtres de l'Académie de Soiſſons.

Dans l'Aſſemblée extraordinaire de ce jour l'Académie de Soiſſons a choiſi le Sieur Deleſpine pere Imprimeur du Roy pour ſon Imprimeur ordinaire, & à cet effet lui cede le Privilege qu'Elle a obtenu, & conſent qu'il imprime la Diſſertation de M. l'Abbé Le Beuf Chanoine d'Auxerre, qui a remporté le Prix diſtribué dans l'Aſſemblée publique de l'Académie, le dix-huit Avril de la préſente année.

DE BEYNES Sécrétâire.

Régiſtré ſur le Régiſtre IX. de la Communauté des Libraires & Imprimeurs de Paris, page 152. conformément aux Réglemens, & notamment à l'Arreſt du Conſeil du 13. Aouſt 1703. A Paris le 7. Septembre 1735.

Signé, G. MARTIN Syndic.

www.ingramcontent.com/pod-product-compliance
Lightning Source LLC
Chambersburg PA
CBHW070244100426
42743CB00011B/2125